VALENTINE FABRÈGE

1870-1893

Valentine Fabrège

MONTPELLIER

IMPRIMERIE Gustave FIRMIN et MONTANE

ANCIENNE FACULTÉ DES SCIENCES

1893

LE premier mai mil huit cent quatre-vingt-treize, notre ville apprenait soudain, vers midi, que Valentine FABRÈGE avait cessé de vivre et de souffrir. Bien que prévue depuis longtemps, la nouvelle ne trouva point d'âmes indifférentes.

Les unes, celles qui n'ont pas le bonheur de croire, se penchaient tristes et silencieuses vers la tombe qui allait dévorer tant de trésors ; elles ne comprenaient rien à ce noir destin qui ravage dans la fleur de si brillantes promesses.

Les autres bénissaient Dieu ! Sans doute elles donnaient à la chère envolée un large tribut de regrets et de pleurs. Seulement elles montaient des ténèbres de la mort sur les cimes lumineuses de la foi : à ces hauteurs, elles ne voyaient plus dans la vie qui venait de s'éteindre un rêve déçu, de grandes espérances trahies, le charme toujours attendrissant des belles choses inachevées, mais un rayonnement, une plénitude qui ne laissaient aucune place à de nouvelles gloires, à de nouveaux désirs. Dans ce travail d'une jeunesse qui arrivait à peine au milieu de sa course, la perfection resplendissait à leurs yeux de toute part ; et leur bouche unissait aux prières de deuil des hymnes de reconnaissance et d'amour.

La jeune fille qui eut au départ le privilège d'émouvoir ainsi tous les cœurs, nos pages voudraient maintenant la disputer à l'oubli, cette dernière tombe où finissent de mourir ceux qui ne sont plus.

En ce monde elle ne fut guère qu'une âme. Tous ses mouvements semblaient un vol doux et gracieux, et, même au repos, nous lui sentions encore des ailes. Quoi d'étonnant ? Elle avait de notre argile juste ce qu'il faut pour demeurer ici-bas. Au supplice dans sa fragile enveloppe, l'âme travaillait toujours à s'en échapper, elle se répandait par tout l'extérieur ; c'est elle qui en rendait les grâces si vives, on la voyait presque dans le regard, dans le sourire et sur tout le visage. Ainsi Valentine a passé devant nous comme un rêve, ou plutôt comme un ange qui aurait touché la terre et qui, tourmenté d'ennui, se hâterait de remonter au Ciel. Il est à peine besoin d'observer que ces pages seront moins une histoire qu'un tableau.

Mais que l'on n'espère pas y retrouver la touchante perfection du modèle. Comment la représenter avec nos chétives couleurs ? On a écrit de Fra Angelico

qu'il peignait seulement des âmes : avec quelle perfection, les hommes, après des siècles, ne se sont pas
encore lassés de le dire. Néanmoins tout ce que
Dieu lui avait accordé de génie, tout ce que son
chaste cœur avait amassé d'idéal, tout ce qu'une
ardente contemplation avait mis en lui de lumière,
pourraient-ils exprimer cette immatérielle figure ?

Si encore l'image n'était pas incomplète ! Mais
ceux qui connurent Valentine savent de quelle discrétion elle enveloppait sa vie, combien elle veillait à
tenir loin des yeux les sublimes élans de sa nature et
les saintes opérations de la grâce ; elle ne consentait
à déchirer le voile que pour son directeur, persuadée
que toutes ses confidences resteraient captives dans
le prêtre, sous la garde du sacrement. Et, comme si
tant de discrétion ne l'avait point assez défendue
contre les pieuses curiosités qui suivraient peut-être
sa mort, voici qu'à la fin elle ordonne de jeter au feu
ses lettres et ses cahiers, tout ce qui nous parlerait
encore d'elle, quand elle aura disparu. Ses commandements ont trouvé par malheur une soumission
trop complaisante, et quelques feuilles éparses ont
à peine évité le triste sort de leurs compagnes. Ainsi
mille traits nous échapperont, qui auraient peut-être
porté la lumière jusque dans les derniers replis de
cette âme si profonde et si belle.

Cependant, à défaut d'autres mérites, l'image sera
fidèle. Nos souvenirs, ce que nous avons vu et
entendu, serviront seuls à la composer : et, si les

infirmités du langage humain ne trahissent pas nos efforts, toutes les ombres, toutes les lacunes ne nous empêcheront point de reconnaître l'enfant, la sœur, l'amie que nous pleurons.

Puissent tous ceux qui liront ces pages y savourer autant de bonheur qu'elles nous en ont valu ! Peut-être devront-ils à Valentine leurs plus suaves émotions. La pensée de les écrire nous est venue près de son lit funèbre. Sans doute elles ne surprendront personne : la religion devait cet hommage à une enfant qui l'a tant glorifiée devant les hommes, et cette consolation à un père qui lui consacre par l'étude toutes les richesses de son esprit et de son cœur, à une famille qui lui a fait dans la cathédrale de Maguelone un don presque royal.

LE BONHEUR

Valentine a passé dans la joie ses vingt premières années. Suivez-la du regard tout le long du chemin ; elle s'amuse à respirer, à cueillir des fleurs. Se rencontre-t-il des épines qui la blessent, des amertumes dont elle pleure, des fatigues qui la brisent ? Ces ennuis troublent à peine quelques jours la sérénité du voyage. Après une halte, elle reprend sa course par des voies riantes, sous un ciel pur et dans une vive lumière.

Au foyer qui la reçut, la Providence avait rassemblé ce qui flatte notre orgueil, la considération d'où naît le prestige, l'autorité que donne le talent, la richesse qui procure les ornements et les douceurs de la vie.

C'étaient là pour son bonheur de magnifiques préliminaires, et la suite ne les a point démentis. Imaginez tous les plaisirs, tous les amusements de son âge ; pour les avoir il suffit d'un mot. Les siens ne pensent qu'à multiplier les jeux autour d'elle : on croirait même, tant leur diligence est grande, que de mystérieux instincts les avertissent de ne pas perdre un

moment et de lui donner beaucoup de fêtes en peu
de jours, parce qu'elle sera bientôt la proie de la
souffrance et de la mort. Toutes ses fantaisies ont à
l'instant force de loi ; quelle reine vit jamais cour
plus empressée à la servir ? Félicitons-nous maintenant
que la droiture de sa raison et la vaillance de sa vertu
aient toujours servi de contre-poids à ces avantages : sans cela nous aurions à condamner des faiblesses où Dieu nous fait la grâce de ne rencontrer
que de légitimes complaisances.

Mais, pour les natures d'élite, combien demeurent
froides, malgré tout, ces jouissances qui nous attei-
gnent seulement par le dehors ! L'ivresse de Valentine
fut ici-bas d'aimer et d'être aimée. Sur ce point elle
nous apparaît toujours à l'extrême limite du bonheur.
Idole de son père et de sa mère, en retour elle
les chérissait de toutes les forces de son âme ardente
et pure, et, pour les autres délices de la terre, elle
n'eût point sacrifié une parcelle du contentement divin
que lui donnait cet échange. Quand il s'agit de
Valentine, les expressions manquent vite pour dire
ces choses.

Près d'elle, plus jeune de deux ans, grandissait
une sœur. Rien d'aussi frais, rien d'aussi virginal
que l'union de ces enfants, de ces jeunes filles.
Eugénie ne voit que par les yeux de Valentine ;
Valentine, à son tour, satisfait aux moindres désirs
d'Eugénie. C'est, toutes les minutes, un charmant
assaut de prévenances. Elles mettent en commun leurs

pensées et leurs impressions ; elles s'occupent ensemble des mêmes travaux. Plus de joie, dès qu'arrive une séparation : elles semblent alors avoir perdu la meilleure part d'elles-mêmes. On serait tenté de croire qu'une seule âme animait ces deux vies et que dans ces deux poitrines battait un même cœur.

La famille ne s'étend pas au loin ; par de terribles coups la mort en a fauché les rangs. Et de tout le passé il ne reste bientôt plus à Valentine que son grand-père, M. Fabrège. Mais ne la plaignons pas. A lui seul, ce bon vieillard lui rendait avec usure toutes les affections perdues. C'était merveille de les voir et de les entendre, elle qui s'illuminait des feux naissants du matin, lui sur qui tombaient déjà les grandes ombres du soir. Se perdaient-ils un instant de vue ? Le besoin d'être ensemble ne leur laissait aucun repos. Ils se cachaient souvent pour l'unique plaisir de se trouver ; et la rencontre amenait des éclats de voix, des saillies bruyantes à remplir, à ébranler même tous les appartements. Oh ! ces jeux qui supprimaient la distance des âges ! et ces courses folles dans la plaine ou sur le rivage de la mer ! et ces fines, ces alertes causeries qui ne savaient jamais finir ! et cette naïveté d'enfant qui rangeait à tous ses caprices la gravité du vieillard ! Souvenirs délicieux. Ils embaumeront toujours notre vie, comme ces parfums qui flottent dans l'air, longtemps après que les fleurs ont disparu.

Valentine tenait à ces joies par toutes les fibres de

sa vive nature. On le voyait, dès qu'une souffrance
menaçait de les amoindrir ou de les emporter. Elle
n'avait plus de calme, et son habile industrie s'épui-
sait à les sauver du péril, à ressaisir tout le terrain
que la violence lui avait enlevé.

Elle a dû fuir, un jour, devant la fièvre typhoïde
qui terrasse Eugénie. Entendons ses plaintes : « Ma
bien-aimée petite sœur, que ne donnerais-je pas
pour pouvoir t'embrasser aujourd'hui ? Si tu savais
comme je suis peinée de te sentir sur un lit de douleur ! Combien je serais heureuse de prendre ta
place ! Y a-t-il un moyen de te soulager ? Crois, ma
bien-aimée, que dussé-je aller le chercher au bout
du monde, je m'y rendrais toute heureuse. De la
sorte je te prouverais mon affection. » Elle envoie à
Eugénie un tablier fait de ses mains ; par ce travail,
qui unissait du moins à la chère absente toutes ses
pensées, elle a mieux trompé la douleur de la séparation. Aussi que d'allégresse, quand elles peuvent
enfin se parler d'une chambre à l'autre, mieux encore
se voir et s'embrasser ! « Si tu savais combien je
t'aime ! écrit-elle ensuite. Ton nom a été mêlé depuis
à toutes mes prières. » Et, le jour où elles eurent permission de reprendre la vie commune, Valentine disait
naïvement à sa sœur : « Ma tendresse pour toi a
augmenté. Il est bon de se séparer pour mieux
apprécier ensuite ce que vaut l'affection. »

L'heure vint aussi pour son grand-père de quitter
ce monde. Elle n'avait alors que treize ans. Avec un

dévouement et une tendresse qui n'étaient point de son âge, l'enfant s'établit au chevet du malade. C'est elle qui lui présente les remèdes ; c'est elle qui le console ; c'est elle qui l'avertit des approches de la mort ; c'est elle qui accompagne le prêtre jusqu'à son lit ; c'est elle enfin qui lui tend le crucifix à baiser, qui ne cesse un moment de l'entretenir des espérances chrétiennes, qui recueille son dernier soupir et lui ferme les yeux. Parmi toutes ces angoisses elle n'a point versé une larme. Ce n'est pas tout encore. Elle veille et prie jusqu'au bout devant la couche funèbre et le cercueil. Mais ensuite elle tombe. La lutte avait duré vingt-trois jours. Tous ces déchirements l'ont anéantie. A peine debout, elle s'attache avec religion à la mémoire, à l'image de celui qui n'est plus ; elle tient en horreur les visites, les parures, toutes les distractions qui lui ôtent son chagrin et ses pieux souvenirs. On ne lira point sans émotion ces lignes où s'exhalait une fois la douleur chrétienne de l'enfant : « Comment vivrais-je, mon Dieu ! si je pouvais croire que mon grand-père n'est pas au Ciel, qu'une si belle âme est dans le néant ? Maintenant seulement je comprends ce qu'est la communion des saints. Je lui demeure unie par la pensée, par la prière, par l'espérance. Je ne le vois pas des yeux du corps, mais je le vois des yeux de la foi. Rien ici-bas ne saurait remplacer un père si tendre, si dévoué, qui ne vivait que pour moi et avec moi. Mais j'ai la conviction qu'il reçoit à présent l'éternelle récompense de ses bontés, de ses vertus, de sa vie sans tache et de sa mort sublime. »

Puissance d'aimer, puissance d'être heureux ! a dit un penseur chrétien. Nous savons maintenant dans quelle mesure Valentine aima les siens, et les nobles cœurs n'auront pas de peine à comprendre qu'elle reçut toujours de sa famille un immense bonheur.

Elle eut encore la délicieuse fortune de ne point sortir du foyer. Il arrive d'ordinaire pour les enfants une heure de larmes abondantes, celle qui marque leur entrée au pensionnat. Valentine la connut à peine. Mais elle en subit tous les douloureux pressentiments. Et nous avons retrouvé dans un petit carnet, à la date du 6 août 1881, ces lignes où une grâce enfantine s'allie à de pénétrantes émotions. « Après une prière faite à l'église, je me suis rendue à la Croix. Là j'admirais le chant des oiseaux et cette mer, moitié bleu foncé, moitié bleu pâle. Les boutons des rosiers commençaient à éclore. Tout semblait rire devant mes yeux. Mais là me venait la triste pensée que je serais pensionnaire au mois de janvier, que je quitterais papa, maman, grand-père. Les larmes me venaient aux yeux ; je me consolais à la pensée de ma première communion. »

La première communion la retint quelques mois au Sacré-Cœur, et l'on estima d'abord que dans cette solitude l'enfant oublierait peu à peu les caresses accoutumées. Il n'en fut rien. Ni la gracieuse charité de ses compagnes, ni les soins prévenants de ses maîtresses, ni les charmes de cet endroit ne lui

adoucirent beaucoup les amertumes de l'éloignement ;
et son cœur eut grande fête quand elle reprit sa place
dans la famille. Malgré toutes les suavités de l'exil,
elle aimait encore mieux la patrie. Ici l'air était plus
vif, la respiration plus libre, la lumière plus dorée,
l'horizon plus enchanteur, le temps plus rapide ; et,
si ses yeux venaient à se ternir de pleurs, sa mère
était là pour les essuyer d'un baiser. Qui oserait lui
faire un reproche de ses goûts ? Par sa providence
Dieu ne les a-t-il point bénis ? Elle n'eut toujours
de nos peines que la part inévitable. Mais, le tribut
payé, toute sa vie dans la famille n'est qu'une douce
ascension par des routes ensoleillées de bonheur.

LES joies de l'intelligence offraient encore à Valentine un abord et un commerce faciles. Sans doute son esprit n'avait pas ces ailes puissantes qui d'un seul coup emportent à des hauteurs où n'arrive point la foule. Mais, dans les régions moyennes de la pensée, elle étonna toujours par la pénétration et la finesse de son regard, par la droiture et la fermeté de son jugement, par une espèce d'instinct admirable qui mettait sans peine à la place voulue hommes et choses. Aussi, dès l'éveil de sa raison, craignit-on pour elle le triste sort des fruits qui mûrissent trop vite. On avait parlé plusieurs fois de Valentine au professeur Bouisson, des rares qualités de son esprit, et l'illustre doyen de la Faculté de Médecine disait ces prophétiques paroles : « Elle n'atteindra pas vingt-cinq ans. Tout ce que je sais d'elle me le fait redouter. » L'avenir n'infligera point un démenti à ces sombres pressentiments.

La délicatesse de Valentine ne lui permit pas souvent de se livrer à l'étude selon toute l'ardeur et l'étendue de ses goûts. Mais d'autre part la Providence lui accorda de précieux avantages. Ne vivait-elle pas sous un toit où fleurissent ensemble le culte des lettres et l'amour de l'histoire ? Cette union, qui l'associait tous les jours étroitement au travail de son père, ne contribuait-elle pas, mieux encore que toutes les leçons, à l'enrichir de connaissances, à développer en elle cette délicatesse de pensée, ce charme exquis de conversation, cet attrait pour les choses de l'intelligence, qui furent toujours après la vertu la suprême distinction d'une femme ?

Aux vacances, elle faisait en Europe de longs voyages, d'où elle tirait beaucoup d'agréments et encore plus d'instruction. C'est ainsi que, sans compter la France plusieurs fois parcourue, elle visite l'Italie à deux reprises, la Suisse, l'Autriche et l'Angleterre, amassant partout avec une sainte avidité des trésors de souvenirs. Sans doute les amusements, les distractions avaient leur place ; mais, tous les soirs, Valentine se recueillait un peu et rédigeait de sa main les enseignements de la journée. Devant ces notes qui avec tant de précision peignent au vif en quelques mots la physionomie des villes et des provinces, on ne s'étonne plus de la sagesse et des ornements qui paraient son esprit. L'histoire est la grande conseillère des hommes, et, si nous l'étudions sur le théâtre même des évènements, sa voix nous instruit, nous émeut davantage. Cependant il paraît vite, à la lecture de ces pages, que Valentine doit en partager le mérite ; la pensée vole à tout moment vers son aimable guide, vers celui qui la menait comme par la main ; on dirait, à certains endroits, qu'elle écrit sous une dictée. Cette communauté de travail ajoute à son profit ; car la parole d'un maître qui nous est cher entre toujours en nous d'une façon meilleure et grave de plus solides empreintes.

Il y aurait plaisir maintenant à la suivre dans ses courses, à sentir ses émotions, la fraîcheur, la naïveté de ses joies, et ses peines souvent plus charmantes encore. A Londres, est-elle fière d'avoir à ses côtés, pendant une séance des Communes, Mme Gladstone, la femme du grand vieillard ! A Cantorbéry, est-elle heureuse de marcher tout un jour sous la conduite du Père du Lac ! Mais le soleil se cache quelquefois. Traverse-t-elle Genève ? La vue de nos superbes églises, passées au culte glacial et mesquin du protestantisme, lui serre le cœur. S'il lui prend fantaisie de vénérer à Solesmes, dans l'ombre de la vieille abbaye, les souvenirs plusieurs fois séculaires du génie et de la sainteté, un gendarme, en faction au seuil du monastère, lui barre le chemin et ne souffre même pas qu'elle jette au moins dans la cour un timide regard.

L'étude et les voyages avaient si bien mûri Valentine, que M. l'abbé Guiraud, un saint prêtre qui la dirigea longtemps, nous écrivait : « Je ne crois pas exagérer en disant qu'à l'âge de dix-huit ans Valentine jugeait les hommes et les choses comme on les juge à quarante ans. Loin d'elle tout pédantisme. Elle n'aimait pas à se poser en justicière du genre humain. Mais les évènements qui se déroulaient autour d'elle l'obligeaient fréquemment à dire son sentiment et à donner son avis. Elle m'a toujours frappé dans ces circonstances par la justesse de ses appréciations...

» Cette précocité de jugement se manifestait encore à propos des romans qui séduisent trop souvent la jeunesse par leurs molles peintures et leurs perpétuelles intrigues. Je ne crois pas que la vigilance de sa famille en ait jamais laissé un seul s'égarer dans les mains de Valentine. Je suis convaincu que sa vertu se serait immédiatement effarouchée et qu'elle l'aurait rejeté avec horreur. Mais elle n'aimait pas davantage les petites nouvelles, les feuilletons, d'ailleurs innocents, qui lui tombaient parfois sous les yeux. « Je n'ai pas grand mérite, me disait-elle ; » tout cela m'ennuie. C'est toujours la même chose : » des fadeurs insipides et des aventures invraisem- » blables. Je ne puis croire que ce soit là la vie... » Ce n'était pas là surtout la vie d'une chrétienne. C'est pourquoi Valentine courait de préférence s'abreuver à des sources plus pures, je veux dire les études sur le christianisme parues dans ces dernières années et les vies de saints dont elle était fortement éprise. Elle a lu et relu toutes celles que les hagiographes contemporains ont écrites avec un luxe de littérature parfois exagéré, mais toujours avec un puissant intérêt. Du charme de la forme littéraire ou du charme des évènements pieux de ces vies, je crois bien que c'est le second qui lui plaisait le plus. Son jugement préférait toujours le sacré au profane. »

Mais où Valentine éprouvait des jouissances infinies, c'est dans le domaine de l'art. Sa nature, ses voyages la préparaient à ce genre d'émotions, et son bonheur ici ne connaissait pas de mesure.

Elle adorait la musique. « Au piano, raconte un ami, tout son jeu, plein comme elle d'une douce mélancolie, son regard d'une virginale pureté, ses mains étendues, son visage radieux, enfin tout cet ensemble aérien qui ne tenait plus à la terre, nous révélaient une âme inspirée, toujours ouverte au délicieux tourment de l'idéal. »

Elle adorait la peinture, et tous les génies de nos écoles religieuses obtenaient d'elle une fervente admiration. Mais chacun devine ses préférences. Elle eût choisi pour maître Fra Angelico : et tandis que la *Vierge à la Chaise,* trop mondaine à son gré, ne lui plaisait guère, de secrètes affinités l'inclinaient vers les tableaux suaves et mystiques. Durant ses longues visites aux musées de France et d'Italie, elle avait disposé dans sa mémoire toute une galerie de souvenirs divins, de célestes visions, où depuis elle s'enfermait souvent pour contempler et jouir.

Elle adorait aussi nos fêtes chrétiennes, les grandes harmonies de l'orgue : « Oh ! disait-elle, l'orgue me pénètre toute l'âme. » Le chant des

fidèles la transportait ; et, à l'heure des vêpres,
pour mêler sa voix au chœur des jeunes filles, elle
sacrifia maintes fois une promenade ou un plaisir :
elle déguisait alors sa conduite sous d'habiles industries. Valentine par là ne cédait point à ce vague
sentimentalisme, à ces rêveries vaporeuses qui placent
toute la religion dans l'odeur de l'encens, le rayonnement des vitraux, les ivresses de la musique et le
parfum des fleurs. On jugera bientôt que sa foi avait
pour fondement une raison solide, que sa piété
courait droit au sacrifice. Elle s'arrêtait dans le
christianisme aux endroits qui enchantent les sens ;
mais elle embrassait aussi avec un joyeux courage
la rigueur de ses croyances et l'austérité de ses lois.

Enfin Valentine adorait la nature, et son amour
lui découvrait partout des merveilles cachées, une
mystérieuse poésie. Elle aussi pouvait dire à bon
droit de la foule des promeneurs et des touristes :
« Ils regardent ce que je regarde, mais ils ne voient
pas ce que je vois. » De là pour elle d'incessantes
émotions qui lui mettaient un sourire aux lèvres. Un
brin d'herbe, un insecte, une fleur, une goutte de
rosée la captivaient en de profondes extases où
passait toute sa jeunesse. On pense bien que, durant
ses voyages, l'admiration n'avait plus de bornes.
Parfois, dans les Pyrénées ou dans les Alpes, sur
les chemins de la Suisse et de l'Italie, elle s'arrêtait
soudain, rivée au sol par un saisissement d'enthousiasme, rayonnante et silencieuse. Parfois, au

contraire, c'étaient des cris joyeux, des ascensions
vaillantes, des trépignements et des appels à n'en
plus finir ; elle savourait alors dans une minute de
vie des siècles de bonheur.

Mais nul endroit du monde ne lui plaisait autant
que sa chère retraite de Maguelone ; et, certes, elle
n'en faisait mystère à personne. Etait-ce illusion ou
sagesse ? Ce jugement, ce goût ne subissaient-ils
pas un peu les influences du cœur ? A les défendre
elle avait du moins beau jeu, et les charmes, la sublimité du paysage la dispensaient de longues plai-
doiries.

Au loin, dans le fond, pour encadrer l'immense
panorama, les Pyrénées et les Cévennes dont les
crêtes vives ou les courbes gracieuses dessinent dans
les clartés du ciel un horizon à souhait pour le plaisir
des yeux ; puis des collines qui par une pente douce
et variée conduisent peu à peu le regard sur une
plaine semée d'arbres et de vignobles, d'où émer-
gent à chaque pas d'agrestes maisons, et, par intervalles, des bourgades imposantes qui forment à la
ville de Montpellier, pour le coup d'œil, comme une
garde d'honneur : là, tout près, la nappe blanche des
étangs, et enfin, à perte de vue, la Méditerranée,
dont les changeantes couleurs répondent aux lignes
noires des Cévennes, aux cimes neigeuses des
Pyrénées. L'ordonnance du tableau, ces lignes cal-
mes et majestueuses, cette harmonie tranquille, cette
lumière sereine souriaient à l'imagination de Valentine

et l'inondaient chaque jour d'un bonheur nouveau. La mer surtout la retenait près d'elle : « Une bonne partie de nos journées se passe à la mer, que je ne me lasse pas d'admirer. » Ces rivages paisibles, ces vagues qui venaient dans un doux murmure expirer sur le sable fin, ces voiles blanches qui se découpaient en silhouettes gracieuses sur le bleu du ciel et des flots, n'apaisaient jamais l'ardente soif de sa pensée et de son regard. Elle aimait à la voir, cette Méditerranée, le matin, aux timides lueurs de l'aurore ; à midi, sous les irradiations d'une chaude lumière ; et, le soir, dans cette parure de pourpre et d'or que lui donnait le soleil couchant.

Et cependant, à Maguelone, Valentine jouissait peut-être moins par les yeux que par le souvenir. Ce lambeau de terre occupe une place vraiment glorieuse dans l'histoire et la religion. Là s'élevait une florissante cité ; là mouillèrent souvent les vaisseaux de Tyr et de Rome ; là descendirent aussi, comme dans le patrimoine même de Saint-Pierre, d'illustres papes du Moyen-Age. Mais de tout ce qui fut Maguelone les hommes et le temps ont seulement épargné la cathédrale. La plage est maintenant déserte, la campagne solitaire, et tous les bruits de ce passé magnifique dorment dans le silence de la mort. Valentine goûtait un délicat plaisir à secouer leur sommeil, à repeupler ces chemins abandonnés, à tirer de la poussière ces grandeurs évanouies. Comme tous les élans de son cœur la portaient aussi vers la vieille église, plus de quinze fois séculaire, qui avait abrité tant de fêtes, où tant de générations avaient prié et pleuré ! On eût dit, à la voir entre ces épaisses murailles, quand elle y promenait d'un air si pieux son exquise jeunesse, que son âme passait dans toutes ces pierres divinement émues et que, pour elles, un autre printemps commençait à fleurir.

Pauvre Valentine ! Sur les bords de la tombe elle gardait encore ce culte qui l'attachait à Maguelone. Au commencement de l'épreuve, son plus dur sacrifice fut d'en vivre toujours loin ; et, après une séparation de trois ans, les touffes de fleurs pâles et sauvages que l'on avait cueillies pour elle dans les sables de la plage, réjouissaient plus ses yeux et son cœur que tous les arrangements superbes de nos riches bouquets.

Si la nature inanimée fut pour Valentine une source abondante de jouissances, elle en puisa de bien plus vives et de bien plus hautes dans l'amitié. Elle connut de bonne heure, et jusqu'à la fin, toutes les pures délices d'un pareil sentiment. Mais ce côté de sa vie reste dans l'ombre ou ne se montre qu'à la surface. Ses amies tiennent à conserver au fond du cœur, comme en un sanctuaire, leurs souvenirs intimes. Nous respecterons ce mystère, et, tout en souffrant d'une réserve qui nous cache sans doute bien des traits attendrissants, nous ne songerons point à la blâmer, ni même à nous en plaindre.

Nous savons, du moins, que les amitiés vinrent nombreuses sous ses pas ; et toutes l'enveloppaient à grands flots d'une vive affection. Il nous en coûte de ne point livrer à cet endroit des pages écrites par une âme que Valentine mit peut-être à la première place dans son intimité. Elles respirent un dévouement si profond, une si vertueuse tendresse, une admiration si émue ! On les croirait tombées du cœur d'un ange. Plaignons moins désormais celle qui les inspira. Quoique partie bien jeune, elle avait déjà trempé ses lèvres à toutes les virginales douceurs que la bonté de Dieu a répandues dans le calice des affections humaines ; elle y avait bu à longs traits ; et bien peu de ces vies, que le monde proclame heureuses, auront à la fin senti comme elle tout le bonheur d'être aimé.

Ces liaisons eurent à combattre deux adversaires redoutables : l'inconstance d'un âge qui ne s'appartient pas encore et où les impressions de la veille s'effacent trop souvent devant celles du lendemain ; puis le malheur, dont le poète latin disait qu'il éloigne tous les amis venus en foule aux jours de la prospérité. Cependant pas une seule ne fléchit. Elles montaient plutôt une douce garde autour de la jeune fille pour tenir à distance les regrets, les ennuis ; et à sa mort leur tristesse ne voulait pas être consolée.

Ajoutons enfin que les amitiés de Valentine fleurirent toujours sur les hauteurs. Son aversion naturelle pour le vulgaire et le futile lui donnait la nostalgie des sommets. Elle obéit à son inclination dans le choix des âmes dont elle voulait faire les compagnes de sa vie ou au moins les confidentes de ses rêves et les dépositaires de ses pensées. Si des jeunes filles estimèrent toujours comme un honneur d'être accueillies dans l'intimité de Valentine, sa gloire n'est pas moindre d'avoir groupé et retenu près d'elle, dans une étroite affection qui fut toujours sans nuage, des âmes aussi distinguées.

On pense bien que Valentine ne se contentait pas
de recevoir ; elle rendait, et au-delà, avec une libé-
ralité singulière, tout ce qu'on lui avait donné.
L'amitié fut comme la douce passion de sa vie. Elle
en portait des trésors qui ne diminuaient point à se
répandre ; et ses entretiens n'étaient que l'effusion
d'une âme jeune et pure qui se livre toute, parce
qu'elle n'a rien à cacher. On ne déciderait point sans
peine à qui profitait le plus cet échange : nous croyons
cependant que les amies de Valentine n'y perdirent
jamais.

Devait-on se quitter ? Son cœur au moins ne les
abandonnait pas. Elle écrivait une fois : « Je me plais
à vivre par la pensée avec ceux que j'aime, et je trouve
très vraies ces paroles du P. Lacordaire : Le souvenir est la présence dans l'absence. » Et rien ne lui
enlevait les douceurs de cette présence, ni la dissipation des voyages, ni toutes les merveilles qui éton-
naient ses yeux ravis : elle envoyait au loin le récit de
tous ces bonheurs et prenait un divin plaisir à com-
muniquer ainsi une part de ses enthousiasmes.

Mais la tendresse de Valentine éclatait surtout aux
jours de deuil. A l'une de ses amies, qui pleurait dans
une grande douleur, elle disait : « Depuis que tu souf-
fres, oh ! je t'aime davantage. » Puis son âme se
répandait aussitôt en vives consolations.

Pourtant ne se montrait-elle pas encore meilleure, lorsque, brisée par la souffrance, ayant renoncé

à tout espoir de guérir, elle voyait avec allégresse ses amies entrer l'une après l'autre en des chemins où les attendaient tous les bonheurs ? Sans plier jamais sous la tristesse ou de mélancoliques regrets, elle souriait aux félicités naissantes. Vraiment pouvait-elle aimer davantage ?

Un dernier trait achèvera de nous peindre ses amitiés. C'est la gloire du christianisme d'agrandir, d'épurer ce qu'il touche. Qu'il entre dans un cœur, et sur-le-champ les affections y prennent une noblesse, une douceur, une vivacité qu'elles n'avaient pas encore. Aussi la religion n'est pas seulement pour elles un arôme qui les empêche de se corrompre, c'est encore une force qui les ennoblit, les transfigure et met en leur fond un avant-goût des suprêmes délices du Paradis. Valentine le savait, et la piété consacra toujours les inclinations de son cœur, les disciplina, mais sans les amoindrir, et les embrasa souvent d'une flamme dont les clartés rayonnent sur l'infini. Il ne lui suffisait pas d'en éloigner la poussière : toutes ses prières demandaient encore à Dieu de les purifier, de les bénir ; et lorsque d'ingénieux artifices lui permettaient de conduire un entretien sur les pentes ou même jusque sur les cimes de la dévotion, elle ne s'y épargnait guère. « Dans nos conversations, rapporte une de ses meilleures amies, nous ne parlions que de Dieu et surtout du bonheur de l'aimer ». Ses intimes ne lui en voulurent jamais ;

car dans le voisinage du Ciel sa figure et ses paroles revêtaient des charmes qu'elles n'avaient point plus près de terre. Ainsi l'amitié lui devenait encore, selon la belle expression de Bossuet, un commerce pour s'aider à mieux jouir de Dieu.

Manquait-il quelque chose au bonheur de Valentine ? Le monde tint à le donner et ne ménagea point ses faveurs. Qu'elle eût seulement consenti, et dans la foule des élégants son orgueil aurait remporté chaque jour de nouveaux triomphes.

Ces complaisances n'ont rien qui nous doive surprendre : tout en elle forçait l'admiration. A la nouvelle de sa mort, l'un de nos premiers critiques d'art, M. Charles Ponsonailhe, écrivait: « J'avais gardé de l'enfant que vous pleurez un souvenir lointain tout parfumé de poésie. Dans une visite à l'église de Maguelone, je l'avais admirée dans sa grâce de fillette. Elle avait la beauté fraîche, épanouie, la suavité douce des angelots du Pérugin. » M. le sénateur Fresneau l'avait seulement vue une fois, mais assez pour la retrouver dans sa mémoire après plusieurs années, et pour écrire, lui aussi, du Luxembourg : « Il me semblait que j'avais sous les yeux un trait d'union entre le ciel et la terre. »

Nous devons à une main, encore émue de tendres

souvenirs et de regrets cuisants, à la main d'un ami, ce portrait de Valentine.

« Sa personne respirait la grâce et la douceur angéliques, la placidité et la pureté virginales On eût dit une de ces madones de Fra Angelico ou du Pérugin, qu'elle avait tant appréciées et dont elle aimait volontiers à parler. En l'admirant, on se rappelait même cette parole de saint Thomas, que la beauté de la Vierge purifiait les sens au lieu de les troubler.

» Sa stature élevée dépassait la moyenne ; son buste sculptural, plein de dignité, imprimait à ses moindres mouvements une distinction et une délicatesse incomparables. Sa tête, d'un petit ovale, était couronnée par une abondante chevelure qui tombait en boucles négligées sur un front large et rêveur. Ses traits avaient une rare finesse ; sa figure, rayonnante d'intelligence et de bonté, était comme encadrée dans une auréole d'innocence. Ses yeux, naturellement très grands et très vifs, s'ouvraient encore plus et s'illuminaient à la moindre émotion. Son teint mobile, pâlissant ou se colorant tout d'un coup au gré de ses impressions, apparaissait comme le miroir de son cœur. Son regard était d'une douceur incomparable, d'une limpidité ravissante, d'une profondeur qui fascinait. Il captivait par sa vivacité, il retenait par sa tendresse, il en imposait par les reflets célestes de cette pureté et de cette lumière divines qui remplissent les âmes vraiment faites à l'image de Dieu. »

Son horreur de toutes les superfluités mondaines, la simplicité de ses parures lui étaient un agrément nouveau : « Distinguée, élégante de goûts et de manières, elle était sans recherche, pleine de réserve et de discrétion dans ses vêtements. Si elle gardait toujours une tenue sans reproche, c'était par instinct de l'ordre et du beau , mais sans une ombre de vanité. »

Qui n'eût aussi goûté les charmes de sa conversation, modeste sans timidité, distinguée sans prétention, sobre sans aridité, bienveillante sans faiblesse ?

Enfin quels chastes attraits ne lui donnait pas encore cette crainte mystérieuse, qui l'agitait partout, de se mêler à la poussière et de flétrir un peu les blancheurs immaculées de son âme ? Noble pudeur qui voit un ennemi dans le monde, et qui cependant, par un admirable conseil de Dieu, resta toujours ce qu'elle est encore malgré nos défaillances morales, le plus sûr moyen d'attirer ses hommages et de subjuguer son cœur.

Valentine était seule à ne point connaître tant d'avantages , et cette bienheureuse ignorance, qui paraissait au naturel abandon de ses manières, à la grâce naïve de ses mouvements, ne laissait plus rien à désirer dans sa personne.

Parée de toutes les séductions que peut avoir une créature humaine, mais avec je ne sais quoi de léger, de pur, qui n'est pas de la terre et semble une fleur d'immortalité , elle s'avançait au milieu des hommes ; et les hommes s'arrêtaient maintes fois pour contempler son angélique beauté et sa grâce plus belle encore. Faisait-elle son entrée dans un salon ou dans un cercle de famille ? Adieu, peines et remords ! Sa joie déridait les fronts les plus tristes et sa candeur apaisait les troubles secrets. Elle donnait même de sa jeunesse, et ceux qui penchaient vers le déclin reprenaient à ses côtés, pour un moment, les illusions charmantes, l'entrain, le rire et la gaîté des anciens jours. Enfin sa vue reposait un moment des misères, des angoisses de notre exil.

Aussi provoqua-t-elle, dès son arrivée dans les fêtes du monde, de vifs empressements. Valentine avait dix-neuf ans, et des voix enchanteresses l'invitaient de partout aux plaisirs du bal, à l'enivrement des soirées. Elle céda cinq fois ; nous n'avons point à le cacher. D'ailleurs, si nos jeunes filles et nos femmes chrétiennes allaient toujours, comme elle, à ces divertissements avec simplicité de cœur, les apôtres de l'Évangile ne pousseraient pas tant de fois le cri d'alarme. Valentine n'eut jamais aucun remords de ces jeux. Elle disait même : « Je ne vois pas quel danger on court dans un bal. » Et naïvement elle ajoutait, sans réfléchir que la foule des chrétiens en concevrait une pénible surprise : « Je ne vois pas, non plus, pourquoi on ne ferait pas sa communion après une soirée. »

Ces paroles montrent à découvert combien elle fut maîtresse d'elle-même parmi tous les entraînements du monde. Il eut beau l'environner d'hommages, assembler autour d'elle des courtisans et mettre presque à ses pieds des adorateurs, jamais il ne lui inspira le moindre attachement. « Valentine n'aimait pas le monde, raconte une amie. Il fallait s'occuper de toilette, y penser, en parler sans cesse, recevoir enfin des flatteries qui la fatiguaient par avance. C'était pour elle un joug écrasant. Son âme élevée goûtait avec transport les beautés de la nature, où se révélait pour elle le sceau de la main divine ; mais elle restait d'une indifférence complète pour ce que l'homme invente de factice et de bruyant, afin d'occuper et de récréer sa vie. » L'extrème joie, dont elle palpitait à l'approche de ces fêtes, ne lui venait point de ses bijoux et de ses parures, mais de l'espérance de rencontrer ses amies. « Jusqu'à présent, disait-elle à sa sœur, je n'avais mème pas songé à ces distractions ; mes amies n'y allaient pas. » Et comme l'une d'elles la félicitait de toutes les admirations qui, au lendemain d'une soirée, se traduisaient dans la ville par de glorieuses rumeurs, Valentine répondit : « Vous n'étiez pas là. Quel plaisir voulez-vous que j'aie loin de vous ? » Donc toutes ces choses, les fleurs, les lustres d'or, le son des instruments, le plaisir de la danse, les éblouissements de la fète et les murmures flatteurs de la foule, oui, toutes ces choses valaient moins à ses yeux et à son cœur que la présence de ses amies.

Lui parlait-on ensuite de ses triomphes, des

ardentes sympathies qui lui faisaient cortège ? Elle ouvrait de grands yeux étonnés; elle avait seulement conscience de s'être bien amusée avec ses compagnes. A la voir, à l'entendre, il était facile de juger qu'elle n'avait à combattre ni la vanité, ni les sens, ni la jalousie. Sous un visage serein son âme reposait tranquille, comme après la communion. Une amie fait d'elle ce magnifique éloge : « Où d'autres trouvent un sujet de vaines pensées et de futiles conversations, elle n'apportait qu'une attention passagère et résignée. Elle se prêtait au monde et ne se donnait pas, gardant le meilleur d'elle-même pour Dieu et ses amies. Puis, si elle devait inspirer quelque attachement vrai ou le ressentir, ce n'était point dans ces salons brillants, au milieu des tourbillons de la danse, mais plutôt dans l'atmosphère calme et pure d'une chapelle, dans la ferveur d'une prière commune. »

Valentine avait mesuré, dès le principe, tout le néant des fêtes mondaines. Elle ne prévoyait pas encore que la Providence lui réservait la mission de le publier bientôt à tous les yeux par l'exemple de sa vie. La première fois qu'elle parut dans le monde, les mouvements de la fête la placèrent dans un quadrille, à côté de cinq autres jeunes filles ou jeunes femmes qui rivalisaient avec elle de jeunesse et de distinction, de grâce et de beauté. La rencontre fut presque un évènement, et les charmes de ce groupe obtinrent un merveilleux succès. Qui eût pensé que l'invisible main de la mort se posait au même instant sur tous

ces fronts couronnés de fleurs, que sans aucune pitié
elle marquait pour un avenir prochain toutes ces
reines du bal ? L'une mourut bientôt, puis l'autre...
Bref, les cinq compagnes de Valentine la précédèrent
dans la tombe, et, quand elle y descendit à son tour,
trois ans s'étaient à peine écoulés depuis la fête. Se
peut-il imaginer un exemple qui étale mieux au
regard les tromperies du monde et la misérable
vanité de toutes ses jouissances ?

Un pareil souvenir a mouillé de larmes bien des
yeux et ravivé des blessures toujours saignantes. On
nous le pardonnera sans doute à cause de Valentine
qui le rappelait quelquefois : l'extrème-onction à
peine reçue, elle en parlait encore avec une liberté
touchante et un sublime détachement.

Cette ombre, au bout du chemin, ne doit pas nous
faire oublier qu'une radieuse lumière a toujours éclairé
les pas de Valentine. Son voyage fut court : mais, en
ce peu d'années, Dieu lui accorda presque toutes les
joies dont la faim tourmente nos âmes, joies de la
famille, joies de l'esprit, joies de l'amitié, joies du
monde ; et, à la fin, son bonheur se présente à nous
comme un assemblage de tout ce qu'il y a de plus pur
et de plus tendre, de plus suave et de plus fort dans les
émotions humaines.

LA VOCATION

L E bonheur est une épreuve qui renverse maintes
fois de solides courages. Quand les hommes
et les choses travaillent de concert et s'épui-
sent ensemble à nous rendre la vie douce et brillante, quoi de plus naturel que de s'abandonner à la
fortune et de s'endormir d'un lâche sommeil ? L'âme
oublie vite qu'elle est ici-bas une étrangère, qu'elle
devra, demain, replier sa tente. L'exil n'est point si
lourd à porter : elle n'écoute que d'une oreille distraite
les voix qui parlent encore de la patrie, et sans peine
elle dégagerait Dieu de toutes ses promesses, s'il
consentait seulement à la laisser toujours ici-bas
dans les mêmes ivresses de bonheur.

Valentine triompha de la tentation. Aux jours
heureux, son intelligence et son cœur ne s'enferment
jamais dans les étroits horizons de ce monde ; ils
aspirent à mieux, ils vont plus loin et plus haut. Elle

ne redoute ni les surprises de la mort, ni la fragilité de ses joies, mais uniquement de perdre son âme. L'enfer la pénètre de noires épouvantes, et, pour n'y pas tomber, elle dit, tout un an, les oraisons de sainte Brigitte. Le purgatoire ne lui souriait pas davantage : aussi demandait-elle à Notre Seigneur de l'accomplir ici-bas ; même elle sollicitait pour la future délivrance de son âme des messes, dont les mérites, avait-elle coutume de répéter, l'attendaient à la porte de l'autre monde. Enfin toutes ses ambitions allaient au Paradis ; contre les biens impérissables elle eût mille fois échangé les plaisirs, les richesses et les gloires du temps.

Cette élévation de pensées et ce détachement de cœur devaient la conduire tôt ou tard à sonder l'avenir et à regarder en face le problème de sa vocation. Où la voulait Jésus-Christ ? Dans le monde ou dans la religion ? Dans les allégresses de la famille ou dans les austérités du cloître ? Lui suffirait-il de servir Dieu par la pratique des commandements ? Son passé, tout enrichi des grâces du Seigneur, les tendances de sa nature et le Ciel à conquérir, ne l'appelaient-ils point au chemin des conseils ? Ces graves idées agitèrent son âme et la mirent parfois dans un supplice qu'il ne sera peut-être pas sans intérêt et sans profit pour nous de connaître un peu. La gloire de Valentine gagnera beaucoup à ces révélations.

ARFOIS des souffles généreux emportaient sua-
vement son cœur sur les plus hautes cimes du
sacrifice. Alors nos brillantes bagatelles du
monde ne lui étaient plus rien : elle prenait en
compassion les hommes qui s'usent de travail et de
fatigue pour des avantages éphémères ; ses pensées,
ses désirs la pressaient de rompre avec le tourbil-
lon des affaires, de quitter la foule, de s'enfuir dans
une solitude fermée à tout ce qui vient de la terre
et ouverte seulement du côté du Ciel.

A quel moment commencèrent en elle ces aspirations ? Nous ne saurions l'établir. Il n'est pas
rare, aux approches d'une première communion, de
trouver dans les enfants quelque chose de viril et de
fort qui les dérobe à toutes les faiblesses de leur
âge et de la nature, et les pousse à consumer, à
ensevelir toute leur vie dans le secret du dépouillement volontaire, sous le regard de Dieu. Ces cœurs
jeunes et innocents veulent s'offrir à lui, pour le
récompenser du don qu'il va leur faire de lui-même.

Valentine eut-elle à cette époque de pareils sentiments ? Ses notes, ses résolutions de retraite n'en
ont point gardé trace ; et les souvenirs encore fidèles
de la Religieuse qui la prépara n'en disent pas
davantage. Elle écrit : « La pensée de cette ineffable
union l'occupait nuit et jour, et nous avons connu peu
d'enfants aussi affamées du pain des anges. Aussi
n'aspirait-elle pas seulement à sa première communion, mais à toutes les communions qui devaient la
suivre et dont elle prenait plaisir à faire d'avance le
pieux calcul... Le 25 mai 1882 fut vraiment pour elle un
jour du ciel. Son visage rayonnait d'une joie et d'une
paix ineffables, manifestant au dehors ce trop-plein
de bonheur que son cœur avait peine à contenir. »
On le voit : ses idées de vocation religieuse ne
perçaient pas encore. Cependant elles ne tardent
point à paraître. Si nous en croyons une de ses
amies, « vers l'âge de treize ou quatorze ans, elle
commence à se préoccuper de l'avenir ; et, pendant
les années qui suivent, elle aime Notre Seigneur par-
dessus toutes choses, elle ne pense qu'à lui, elle
veut se donner à lui, elle ne veut rien hors de lui. »

A cet endroit, nous ne saurions trop remercier
Dieu qui a sauvé des flammes quelques pages pré-
cieuses. Sans elles nous en serions réduits à de
timides conjectures sur un point qui touche dans
Valentine aux mystères les plus intimes de son esprit
et de son cœur.

En 1885, elle suit au couvent de Sainte-Ursule

les exercices d'une retraite. La Providence lui met
là sur le chemin un homme de Dieu ; et, toujours
défiante de ses lumières et de ses élans, toujours
ambitieuse de sages conseils, elle confie au Prêtre
toutes ses incertitudes. Puis, l'entretien achevé,
elle résume à la course les paroles du saint Religieux. Nous les avons encore. Ces notes nous aide-
ront à comprendre les luttes qui bouleversaient alors
son âme. « Je dois avant tout donner mon cœur au
bon Dieu dans n'importe quelle situation. Ensuite
il faut beaucoup prier Dieu, avoir confiance, dire à
Notre Seigneur : Me voilà, mon Jésus ! Je suis votre
petite servante, faites de moi tout ce que vous voudrez ; parlez, je vous écoute... Je ne dois pas me
décourager, mais consulter Dieu, parler à Dieu
simplement. Et, plus tard, lorsque le moment sera
venu de prendre une détermination, j'écouterai mon
confesseur. Si je me trompe, le bon Dieu sera content de moi, parce que j'aurai cherché à faire sa
volonté... Ensuite ne pas m'inquiéter des projets
que l'on fait sur moi pour l'avenir ; car, si Dieu
me veut à lui, mes parents auront ma sœur pour
me remplacer. Ne pas m'attrister sur ce point ; tout
est possible à Dieu. »

Ces idées de vocation ne l'abandonnent pas. La
même année, il plaît au Ciel de la frapper dans une
de ses meilleures affections ; et, sous l'empire de la
douleur, elle écrit encore : « Dieu me veut toute à
lui, Dieu est jaloux de mon cœur ; c'est pour cela

qu'il coupe un à un les liens qui m'attachent aux créatures. Il veut que j'aime, mais par charité, en Lui et pour Lui ; Il ne veut point d'attache personnelle qui ait en vue mon intérêt. Je dis donc du fond du cœur : *Fiat !* et je prie ma bonne Mère du Ciel de vouloir bien me soutenir. Jésus, ô mon Sauveur, je vous prends aujourd'hui pour mon père, mon époux, mon maître, mon ami et mon confident. »

Une autre fois, Valentine rencontre le P. de Lavillardière, dont l'apostolat a laissé dans notre ville de brillants et pieux souvenirs. Vite elle lui ouvre son cœur. Et, à la suite de leur entretien, elle rédige encore ces lignes qui témoignent, à n'en plus douter, combien toutes ces ambitions de vie religieuse absorbèrent longtemps son âme : « Mon enfant, le dégoût que vous éprouvez pour le monde indique presque que vous ne devez pas y rester. Mais avez-vous considéré la femme chrétienne dans le monde ? Ne vous plaît-elle pas ? Vous faites très bien de vous préoccuper de votre vocation ; pensez-y et ne craignez rien. Quand vos parents vous questionneront là-dessus, répondez-leur avec beaucoup de prudence quelque chose qui, tout en ne dévoilant pas votre idée, leur fasse comprendre que vous pensez sérieusement à votre avenir. Dites, par exemple : Avant de m'engager dans une voie d'où doit dépendre mon bonheur ou mon malheur, je l'étudierai à fond et j'y regarderai à deux fois. Rien ne presse pour le moment ; vous êtes encore toute jeune. Cependant priez le bon Dieu et la Sainte Vierge, pour qu'ils vous éclairent. Dites à Jésus : Parlez, Seigneur, votre servante écoute. Pensez à votre avenir sans vous attrister. Vivez dans le monde, comme si vous deviez y rester, gracieuse et complaisante pour tous. »

Ces luttes retentissaient quelquefois au dehors. Les amies de Valentine se demandèrent à maintes reprises si elle ne quitterait pas le monde ; et celles qui pénétrèrent le mieux dans sa pensée et dans son cœur, croient encore que Dieu l'invitait aux suprêmes immolations de la vie religieuse.

Pour notre siècle de grande mollesse et d'universel affaissement, quelle leçon de voir cette vierge qui, dans tout le rayonnement de la jeunesse, de la fortune et de la beauté, se détourne des parfums de la vie pour ne regarder plus que vers le Ciel ; qui rêve de porter à Dieu, dans sa première fraîcheur, tout son amour ! Quelle leçon de pureté, de courage et de noblesse ! Même entendue de loin, n'enivre-t-elle pas de sacrifice, au moins pour un moment, les âmes les plus vulgaires ?

CEPENDANT Valentine comprenait que son désir aurait à vaincre de fermes résistances. Lui arrivait-il par surprise ou à dessein, de lever un peu le voile et d'insinuer où l'entraînaient ses goûts ? L'amour de ses parents dressait aussitôt devant elle de puissantes barrières. Et alors, soit que leur opposition lui fût un signe manifeste de la volonté divine, soit encore que sa nature douce et calme craignît d'affronter la lutte, elle entrait peu à peu dans l'autre chemin, mais toujours avec la même foi et la même piété. « Je sens, disait-elle à une Religieuse du Sacré-Cœur, que Dieu ne m'a pas fait tant de grâces pour rien. Il ne veut certainement pas que je sois chrétienne à demi. Il faut que je fasse du bien. On me dit que ma santé ne s'accommoderait pas des exigences d'une règle religieuse ; mais, si je m'établis, il faut que ce soit dans des conditions de liberté parfaite, qui me permettent de m'employer tout entière à l'œuvre du bon Dieu. »

Valentine tenait à son directeur le même langage ;

car M. l'abbé Guiraud écrivait un jour : « Plusieurs
fois la pensée du mariage traversa son esprit, de dix-
huit à vingt ans. Elle ne la chassait pas. Mais elle se
demandait devant Dieu les qualités intellectuelles et
morales qui devaient fixer son choix : le nom, la fortune, les grâces extérieures n'avaient qu'une place
secondaire à ses yeux. »

Valentine semblait par là d'un autre âge ; et, loin
d'en rougir, elle exposait librement sa manière de
comprendre ici-bas le bonheur. L'une de ses amies a
retenu de pareils entretiens des souvenirs qu'elle n'a
point voulu garder pour elle. Écoutons-la : dans sa
parole nous aurons vite reconnu Valentine ; c'est la
même voix, le même accent, nous allions dire le même
cœur. « Je me rappelle, dans toutes ses délicieuses
naïvetés, son rêve de bonheur terrestre : vivre avec un
être aimé, de caractère noble et sûr, qui serait pour
elle un guide et un appui; vivre dans son cher Maguelone ou dans quelque château isolé ; faire du bien à
ceux qui les entoureraient tous deux, aux déshérités
des biens de la terre et aux malades ; passer sa vie
entière en bonnes œuvres, loin du monde, de ses plaisirs troublants et de ses fêtes lassantes ; une solitude
à deux, avec les joies de l'intelligence trouvées en
de saines lectures, et, aussi, avec les jouissances
plus douces encore de la charité. Voilà le bonheur
humain rêvé par cette âme candide ! » Observons
que ce bonheur n'eût point rassasié ses grandes
aspirations. Elle portait toujours une blessure au

cœur. « Il lui en coûtait, malgré tout, de ne point appartenir à Dieu sans mesure et de renoncer aux privilèges par où Dieu récompensera dans le Ciel les âmes qui auront abandonné pour lui tous les enivrements de la terre. »

D'ailleurs le rêve était facile à concevoir ; mais comment passer du rêve à la réalité ? Ce mariage si chrétien n'est-il pas de nos jours une chimère ? Et le raffinement de nos mœurs n'a-t-il pas détruit pour longtemps ces belles affections, où se confondaient à la fois le calme de la durée et la fraîcheur de l'innocence, toute l'énergie de la passion avec toute la pureté et la simplicité de la religion ? Valentine doutait ; et, affligée de la terre, elle implorait le Ciel. Dans ses papiers nous avons encore cette prière écrite de sa main : « Grand saint Joseph, puisque les bons mariages se font au Ciel, je vous conjure bien humblement, par le bonheur incomparable que vous avez reçu en devenant le vrai et légitime époux de la Sainte-Vierge Marie, Mère de Dieu, je vous conjure de m'aider à trouver quelque parti favorable à ma condition, un mari avec lequel je puisse aimer et servir Dieu en bonne union et concorde, et attirer par ce moyen les célestes bénédictions sur nous et sur notre famille. » Naïve et touchante prière, qui nous montre combien Valentine cherchait à unir, dans l'innocente tendresse de son âme, le culte de son Dieu avec les plus douces affections de la terre !

Le rêve menaçait-il toutefois de s'accomplir, elle reculait épouvantée. C'est ainsi qu'un jour elle tombe en proie à d'inexprimables angoisses. La famille lui présentait une alliance digne de flatter son légitime orgueil et de gagner son amour. Dieu l'avait donc entendue ! Mais, à l'heure de répondre, elle se précipite au Sacré-Cœur, rencontre à l'entrée du jardin l'une de ses meilleures amies, et là, dans cette allée de Notre-Dame de Lourdes, devant la Vierge qui les suivait d'un maternel regard, elles se promenèrent longtemps. A la fin, Valentine décida que, faute de lumière, elle attendrait encore.

POUR mériter cet appel, ces vifs rayons qui chasseraient toutes les ombres, elle obéissait avec une rare docilité aux divines inspirations de tous les jours et de tous les instants. Sa persuasion était que cette fidélité à la grâce lui vaudrait enfin de connaître, avec une claire évidence, la route où Dieu voulait qu'elle engageât sa vie. Et certes elle y déploya un intrépide courage.

Un jour, s'adressant au Prêtre qu'elle avait choisi pour guide, elle lui disait : « J'obéirai comme une enfant, je ne vous demande que de prendre le gouvernail. » Elle tint parole. Mais sa vaillance ne fut pas moindre à écouter la voix de Dieu dans tous les détails de la journée. On avait plus besoin de ralentir son ardeur que de l'exciter. Un moment attachons-nous à ses pas, dans ces chemins ouverts à la piété commune des fidèles.

La prière occupait une partie de ses heures. Tous les matins, elle entendait la messe à la chapelle des Pénitents-Bleus ; puis une lecture réfléchie dans

l'*Imitation* ou dans la *Vie dévote* la retenait encore
devant le tabernacle. La méditation dépassait quelquefois la mesure permise : « Tu rentres bien tard,
lui disait-on au retour ; te serait-il arrivé quelque
chose ? » Cette demande ne manquait point de
l'étonner : le temps avait fui si vite ! Tous les jours
encore, elle récitait le chapelet et consacrait un moment à la lecture spirituelle. Enfin, chaque semaine,
elle se confessait et recevait, au moins deux fois, la
sainte Eucharistie.

Quelques notes, livrées par des âmes qui ont bien
connu Valentine, célèbrent en elle, à plusieurs reprises, une piété instinctive, des élans de nature
et de grâce qui d'un seul trait la portaient dans le
sein de Dieu ; un recueillement si profond qu'elle
n'avait rien à souffrir de la frivolité des sens ou des
bruits de la terre. « Je me souviens, lisons-nous en
ces pages, d'avoir communié près d'elle, une fois, la
nuit de Noël, au cercle catholique. Je peux l'affir-
mer sans exagération : elle avait un air si transfiguré,
que son voisinage m'aidait à mieux prier ; et j'ai
savouré, cette nuit, tant de bonheur, qu'après plusieurs années je ne peux voir la place où nous étions
ensemble à genoux, sans éprouver encore une vive
émotion. » Serait-ce que Valentine goûta seulement
les charmes et les joies de l'oraison ? Elle eut pourtant sa part de sécheresse, d'amertume et d'ennui.
Elle en faisait un jour l'aveu : « J'ai été si froide en
communiant, ce matin, que j'ai répété sans cesse

pendant un quart d'heure : Mon Dieu, je ne sais rien
vous dire, sinon que je vous aime toujours beaucoup. » Mais toutes ces peines n'enlevèrent jamais
à Dieu une parcelle de son temps ni de son courage.
Sa force de caractère réservait un triste accueil aux
inspirations du caprice ou du sentiment.

Nous signalons à peine ses prières de fantaisie,
qui variaient à l'infini, suivant les désirs ou les
craintes du moment, et qui se multipliaient parfois au-
delà d'une sage limite. Il convient pourtant d'ajouter
qu'elle eut toujours le secret de ne fatiguer personne,
de se rendre sur-le-champ aux simples désirs de la
charité ; enfin elle mena si bien de front la dévotion
et le devoir, que tout le monde admirait ce merveilleux
talent de combiner ensemble tout ce qu'il y a de
ferveur dans la chrétienne, d'affection dans l'enfant,
de tendresse dans l'amie.

Il semble que les vacances, avec tout leur bruyant
cortège de distractions, auraient dû refroidir ces
flammes et amener quelque relâchement. Pas du tout ;
Valentine luttait contre le flot et ne lui sacrifiait rien
de ses pratiques. Ces heures d'amusement, au lieu de
la dissiper, tournaient encore à l'avantage de sa piété.

Elle aimait le séjour de Maguelone. Mais, au-
dessus de tous les agréments, sa religion mettait
l'entretien de la vieille cathédrale, le plaisir de parer
l'autel, la joie de tenir entre ses mains pour la messe
de chaque jour les vases sacrés, la consolation de
posséder Notre Seigneur à côté d'elle, presque sous

le même toit, et de le visiter, de lui parler à tout instant.

Bigorre est une ville charmante. Pourtant, le croiriez-vous ? au jugement de Valentine, « elle n'a qu'un seul avantage, le voisinage de Lourdes ». C'est M. l'abbé Guiraud qui nous rapporte ces paroles. Ainsi elle compte pour rien la riche élégance des baigneurs, la fraîcheur de l'air, la grâce des vallées, la sublimité des montagnes ou la salutaire puissance des eaux : Lourdes efface tout à ses yeux. Cette magnifique indifférence nous remet en mémoire les impressions qui agitaient son cœur, le 22 septembre 1885, et qu'elle traduisait par ces mots d'une éloquente concision : « Je viens d'être reçue enfant de Marie, à Sainte-Ursule. En ce beau jour, je promets à Marie de l'aimer et de lui ouvrir mon cœur, comme une vraie fille le fait envers sa mère. »

Valentine traversait-elle la France ? Le voyage doublait de valeur, si un riche sanctuaire de la piété catholique se rencontrait sur le chemin. Que de fois elle avait soupiré après le bonheur d'abriter un moment son âme dans la chapelle de Paray ! Ses vœux sont enfin exaucés. Elle écrivait ensuite : « Je sors tout enthousiasmée de Paray-le-Monial. Je trouve que là, loin des bruits du monde, l'âme se sent élevée vers Dieu. Au milieu de ce calme, les prières sont faciles. Tout dans cette ravissante chapelle porte à la dévotion. » Valentine garde le silence sur les autres péripéties du voyage ou n'en parle qu'avec froideur.

Ces détails, indiqués à peine, sont une vivante preuve de l'amour qui brûlait en elle pour l'Eucharistie, le Sacré-Cœur et la Sainte-Vierge. Cependant une dévotion plus grande encore l'attachait à saint Joseph. Durant ses derniers jours, des inquiétudes lui vinrent à ce propos, qui d'ailleurs ne la corrigèrent pas. Elle faisait part au glorieux patriarche de tous les mouvements de son esprit et de son cœur. Etait-ce l'heure de le prier ? Sans doute de pieux instincts l'avertissaient qu'il était là, tout près, tant elle avait de feu dans son regard, de dignité dans sa tenue, de céleste rayonnement sur tous ses traits. Au mois de mars, une lampe brûlait toujours dans sa chambre devant une statue de son aimable protecteur, et rien ne la réjouissait tant que de semer à profusion partout ses images ou ses médailles. Voici un détail charmant : parmi tous les pauvres qu'elle assistait, les vieillards eurent toujours une place de prédilection, parce qu'ils ressemblaient davantage à son bien-aimé saint. Que dire de plus ? Elle avait coutume de l'appeler son avocat, son régisseur, son homme d'affaires ; et jamais elle n'eût osé prendre une résolution sans le consulter, ni solliciter une grâce de Dieu sans lui confier sa requête. « Mais pourquoi ne vous adressez-vous point à Marie ? » lui demandait-on quelquefois. « Quand on a un habile homme d'affaires, répondait-elle avec un fin sourire, on aurait tort d'en chercher un second. »

Ces prières et ces dévotions entretenaient dans

son cœur un immense désir d'être à Dieu sans mesure. « Avant tout et en tout, s'écriait-elle quelquefois, la volonté de Dieu ! » Ou encore : « Je crois que j'aime Dieu comme on doit aimer un fiancé. » Et cet amour brillait dans ses yeux, sur son visage, au point que, dès l'abord, dans une rencontre de hasard, les étrangers le devinaient soudain et en demeuraient longtemps saisis. M. l'abbé Dupuy, supérieur du Grand-Séminaire, l'avait à peine vue ; et naguère il écrivait : « Elle me parut comme une âme qui avait à la fois soif de sainteté et de cette pureté qui permet aux élus de contempler Dieu. »

Cette ambition de posséder Jésus-Christ et de lui appartenir transformait le cœur de Valentine en un délicieux jardin de fleurs exquises et charmantes, de fruits éclatants et parfumés. Le printemps de la nature est doux à voir, en mars ou en avril, quand la vie s'éveille dans les bois et les champs ; mais combien est plus enchanteur encore le printemps d'une belle âme ! Celui de Valentine nous ravirait, si nous avions le temps de l'explorer. Respirons au moins en passant, et même recueillons, pour en jouir toujours, les chastes et viriles senteurs que nous envoient sa pureté de cœur, son amour du sacrifice et sa charité envers les pauvres.

« Du premier coup, raconte M. l'abbé Guiraud, elle me frappa par la délicatesse de sa conscience. C'était bien là le cachet distinctif de son âme. Cette délicatesse ne pouvait souffrir l'apparence même du mal. Tout ce qui inflige une souillure lui faisait horreur. Certainement l'amour de Dieu, la crainte de lui déplaire, la pensée de sa présence, le désir du Ciel, la peur de l'enfer et de ses horribles tourments, tous ces sentiments, les premiers surtout, se mêlaient dans cette jeune fille de quinze ans. Mais tout cela était confus. Ce qui se dégageait, à ne pouvoir s'y méprendre, ce qui rayonnait, c'était son horreur naturelle pour le mal, à cause des souillures et des taches qu'il imprime... Cette horreur instinctive qu'elle avait pour le mal ne lui permettait pas de faire des distinctions. Devant une faute les théologiens se demandent : La matière est-elle grave ou légère ? le péché mortel ou véniel ? Je ne crois pas que jamais cette jeune chrétienne se soit posé ces questions. Quand sa conscience lui disait en face d'un acte ou d'une parole : C'est mal ! elle s'arrêtait soudain. »

Si sa pureté de cœur la distinguait, peut-être se distinguait-elle plus encore par son esprit de pénitence. Elle avait obéi de bonne heure à la forte discipline du sacrifice. Dès l'âge de huit ans, elle disait à une Religieuse : « Je ne comprends pas que l'on perde du temps à la toilette. Si je le faisais, j'aurais peur que Dieu me punît ; car ce temps lui appartient, et on ne doit pas l'employer aux vanités du monde. » Ces heureuses dispositions ne cessèrent pas de grandir. A quatorze ans, elle endurait quelquefois d'affreux maux de tête ; et comme une amie la pressait de se rendre à Lourdes, où la Sainte-

Vierge la guérirait : « Je m'en garderai bien, répondit-elle. Si je ne faisais pas à Dieu le sacrifice de ma santé, que pourrais-je lui offrir ? » Maintenant son courage ne saurait plus nous étonner. Toujours attentive à maintenir sous la règle les moindres mouvements de la nature, elle ne lui abandonnait rien de ce qui flatte nos penchants. Veut-on la contempler à l'œuvre ? Elle n'écrit point une lettre sans la montrer à sa mère. Reçoit-elle enfin des pages longtemps désirées ? Elle ne les ouvre pas de suite. Et si un présent lui arrive, elle diffère un peu de le voir. Ces immolations, qui paraîtront puériles aux irréfléchis et n'obtiendront peut-être d'eux qu'un ironique sourire, crucifiaient Valentine et lui préparaient devant Dieu une abondante moisson de mérites.

Nous n'avons pas encore tout dit. Si quelque motif supérieur l'obligeait à subir un léger désordre dans sa vie, elle conjurait la pénitence d'apaiser Notre Seigneur et de rétablir l'équilibre. Son directeur nous en a gardé un touchant exemple. « Vers l'âge de quinze ou seize ans, elle dut se rendre plusieurs fois à des matinées d'enfants. Or il arriva que ces matinées se prolongèrent jusque dans le saint temps du carême. Valentine aurait voulu y renoncer. Comment concilier ces profanes amusements avec ce temps de pénitence ? Mais il fallait aussi concilier ce renoncement avec les convenances mondaines. La jeune fille, après une courte hésitation, se résigna. Seulement, au lendemain de ces heures de dissipation forcée, elle s'imposait une lourde pénitence pour ne pas déplaire à Dieu, après avoir cédé au monde. »

Valentine enfin avait la passion des pauvres. Au jour de sa première communion, elle écrivait : « Je donnerai chaque mois une petite offrande de ma bourse. » Elle fit plus, elle donna son temps et sa personne. Quêter pour eux, les visiter souvent, assister aux réunions du vestiaire, leur apporter des habits et parfois son dessert, étendre sa compassion et ses bienfaits aux maladies et aux blessures de l'âme, mêler aux tendres soins qu'elle leur rendait de pieuses exhortations, avec l'attrayante douceur de sa nature et l'énergie du zèle chrétien adresser des conseils à tous ces indigents, aigris par le malheur ou attiédis par un long éloignement des remèdes spirituels, les animer surtout d'une vive confiance en saint Joseph, telles furent depuis les meilleures joies de cette ardente disciple du Christ. Veut-on quelques faits à l'appui ? Une amitié fidèle nous a conservé ces souvenirs touchants.

« Nous sortions un jour ensemble. Valentine me demanda si je ne serais pas contrariée d'aller avec elle près de deux indigents qu'elle secourait. Je les vois encore, ces malheureux, une pauvre femme infirme et un vieillard couché dans un misérable lit. Valentine avait alors quatorze ans. Elle leur parla avec une grâce singulière et leur distribua ses petites ressources. Tous deux lui baisaient les mains avec transport. Et, pendant ce temps, elle leur remettait deux poires magnifiques. A cette vue, la femme de chambre qui nous accompagnait me dit, avec une admiration pleine de larmes : On les lui avait données pour son goûter !

» A l'époque de Noël, elle habillait toujours un petit enfant, et le costume tout entier était fait de ses mains.

» Une fois elle organise sous mes yeux, pour les bambins qui sont à la crèche des Sœurs garde-malades, un arbre de Noël. Elle emploie une part de ses économies à charger de jouets et de gâteaux un vieux laurier-rose qui végétait tristement dans la cour. J'admirais comme la joie de ces enfants la rendait heureuse.

» Chaque année, on va, le 19 mars, servir le dîner des vieillards chez les Petites-Sœurs des Pauvres. C'est là une partie de plaisir autant qu'un acte de charité, puisqu'on y trouve des amies et qu'on peut remplir son office, faire son travail, tout en causant et en s'amusant. Valentine était fidèle à ces réunions ; mais elle entendait son devoir d'une autre manière. Malgré toutes nos instances pour la retenir près de nous, elle allait à l'infirmerie soigner les malades et chercher des occasions de vaincre, de fouler aux pieds toutes les délicatesses de sa nature. »

Sur les tristes obscurités de la mansarde, où la conduisirent tant de fois les divines compassions de son cœur, que de félicité, que de lumière elle

versait avec les charmes de ses quinze ou de ses dix-
huit ans, avec sa voix divinement harmonieuse, et ses
paroles entraînantes, et ses sourires éblouissants, et
ses effusions de tendresse, qu'auraient payés bien
cher, pour en jouir aussi, les riches et les fortunés du
monde ! Aussi, comme les pauvres aimaient leur *sainte
demoiselle* ! Ils pleuraient de reconnaissance et se
perdaient toujours à son endroit en mille souhaits de
bonheur. Sa dernière visite fut pour eux, et sans
doute leurs anges lui auront, en retour, ouvert les
impérissables trésors du Ciel !

Il y aurait bien d'autres choses à conter, bien
d'autres vertus à peindre ; mais, à travers notre récit,
les âmes pieuses ont deviné déjà sa douceur, son
obéissance, son humilité. Pouvait-elle accorder plus
à Dieu ? Et, à ne considérer que les voies ordinaires de sa providence, Dieu pouvait-il exiger davantage ?

Certes, Valentine avait mérité de recevoir enfin la
lumière qui éclairerait son avenir et la mènerait au
chemin de sa destinée. Cependant la lumière n'arrivait pas encore. Et la lutte au fond du cœur se pour-
suivait plus terrible que jamais, avec des fatigues et
des souffrances qui lui arracheront plus tard cet aveu :
« Si je recouvre jamais la santé, il me faudra encore
chercher ma voie ; j'aime mieux rester ainsi toute
ma vie, que de commencer à nouveau les luttes qui
ont précédé ma maladie. » Au lieu de se tenir pour
battues, les ambitions retournaient à la charge et

livraient souvent de rudes assauts. C'était l'heure de
se rendre à merci ou par une résistance opiniâtre
d'enlever tout espoir. Quel parti prendre ? Au milieu
d'intolérables angoisses Valentine écrivait : « Priez
pour que votre petite amie fasse avant tout la volonté
de Dieu.» Et, sur l'heure, elle commençait une neu-
vaine à saint Joseph. Cette fois la réponse ne tarda
point à venir. Le dernier jour, la douleur s'abattait
presque foudroyante, pour ne laisser plus de trêve
ni de repos. Ainsi Dieu n'appelait point cette âme
intrépide à le servir dans les pénitences du cloître ou
dans les joies de la famille, mais à le glorifier dans la
maladie, dans une mort incessante à tous les biens, à
tous les plaisirs de la nature.

N'était-ce point la réponse d'une sagesse infinie
et d'un immense amour ? Valentine eût manqué de
courage pour charger sur ses épaules le joug de la vie
religieuse. Mais, alors, que seraient devenus les joies
et les trésors de sa jeunesse ? N'aurait-elle pas senti
la fragilité de nos affections terrestres, des plus
tendres comme des plus fortes, de celles-là même qui
se croient d'abord immortelles et périssent bientôt
dans une affreuse misère ? Et, si Dieu lui avait épargné
ces cruels étonnements d'une âme qui rencontre la
trahison et le mépris dans l'amour, n'aurait-elle pas
souvent pleuré des larmes amères sur les mécomptes
de la vie, sur la ruine d'illusions charmantes, intimes,
dont elle avait besoin pour ne pas recevoir à tout
instant des meurtrissures ? Son cœur était si pur, si

délicat ! De grandes douleurs l'attendaient sur le chemin que Dieu ouvrait à ses pas ; mais, dans la voie que lui fermait la Providence, n'eût-elle pas souffert davantage ? Valentine fit bien de laisser toujours son avenir aux mains de Dieu ; sa confiance ne fut pas trompée. Quoi que disent ici les jugements du monde et les répugnances de la nature, nous croyons, avec toute l'énergie et tout l'abandon de notre foi, qu'à l'heure décisive Dieu lui choisit la meilleure part.

LA SOUFFRANCE

LA douleur a pour mission d'imprimer aux âmes ces derniers traits que se réserve le Maître. Son ouvrage accompli, le caractère est grand, l'âme profonde, le cœur bon. Vous n'avez plus cette ébauche qui restait encore, même après un long travail du génie, de la gloire et de la vertu, mais une beauté touchante et grave, ce je ne sais quoi d'achevé que donne le malheur et dont le charme est ineffable. Le Seigneur, ayant résolu de faire briller à nos yeux en Valentine tout ce qu'on pouvait attendre de sa riche nature, appelle donc cette excellente ouvrière de la vie, la souffrance. Des épreuves sans fin vont désormais assaillir notre jeune victime ; et, par une loi étonnante, mais facilement intelligible aux fidèles, il sort de leurs coups, sous la main qui les dirige, une lumière sans ombre, une grandeur sans lacune, une sublime perfection, enfin ce chef-d'œuvre de patience, de douceur et d'humilité, qui vivra toujours en notre souvenir comme une radieuse image du sacrifice chrétien.

Le mal, au début, ménagea les forces de Valentine et ne la conduisit pas d'un seul bond au sacrifice de tous les biens. Elle caressait l'espoir de revenir à la santé ; ou, si les effroyables secousses de la douleur dispersaient quelquefois ces illusions, un mince allégement les ramenait vite. Près d'elle on ne parlait que de guérison prochaine, de fêtes et de voyages. L'avenir lui souriait encore ; et ses rêves de bonheur, éloignés un instant, reprenaient sur elle leur gracieux empire.

La Providence lui accordait même certaines distractions qui l'arrachaient à sa tristesse et lui semblaient peut-être, en sa captivité, l'annonce d'une délivrance. Les fêtes du sixième Centenaire sont là. Son patriotisme les a tant désirées ! Ne pourra-t-elle contempler au moins le cortège, en admirer les splendeurs, mêler son enthousiasme aux triomphantes clameurs de la foule ? Ces courtes joies eurent de tristes lendemains et entraînèrent à leur suite bien des angoisses, des doutes cruels, de sombres prévisions. Fallait-il donc, au lieu de déployer ses ailes, les replier ? Fallait-il renoncer aux grands espaces, aux larges horizons, s'enfermer dans sa chambre comme une prisonnière ? On lui bâtissait mille châteaux en Espagne, mais pour tromper peut-être sa douleur et l'endormir. Ses forces ne diminuaient-elles pas à vue d'œil ? L'espoir, comme un flambeau qui s'éteint, vacillait dans son âme et n'y projetait plus que de faibles lueurs. Valentine marchait ainsi vers les suprêmes détachements ; et, le 25 Mars 1890, elle entrait dans le supplice de l'immobilité.

Aurait-elle assez de force pour l'accepter sans murmure et sans plainte ? Une épreuve que Dieu lui infligea bientôt, et qui révéla dans une lumière éclatante sa virginale candeur, nous donna aussi toute la mesure de sa vaillance. Comme, loin de reculer, le mal avançait tous les jours, on appela de Paris le professeur Terrillon. Valentine, à cette nouvelle, éprouve comme une mystérieuse épouvante. Que se passera-t-il ? Que veulent dire les obscurs pressentiments de son cœur ? Mais, quand elle apprend que l'illustre praticien tentera peut-être une opération, toutes ses divines pudeurs éprouvent de sublimes révoltes. Elle préférerait la mort à une santé qui lui coûtera presque la délicatesse de sa vertu. Et la voilà qui enrôle toutes les âmes pour une croisade de prières, qui fait au Ciel une incroyable violence, qui répand sur son malheur des ruisseaux de larmes. Dieu l'exauce ! Dès l'abord, le docteur devine le trouble, les craintes de la jeune vierge ; il cause un moment avec elle et se retire bientôt, sans avoir alarmé ses angéliques inquiétudes. Ce fut pour Valentine une indicible explosion de joie. A la voir, on pleurait d'admiration. Pour elle c'était le repos après une horrible tourmente, et comme un rassasiement de bonheur après de longues heures d'angoisses. La guérison n'aurait pas excité dans son âme autant de reconnaissance. « Eugénie, disait-elle le jour même à sa sœur, j'ai promis à saint Joseph que, s'il accueillait ma prière, je distribuerais cent médailles. Je t'en laisse le soin. » Qui ne serait ému de son courage ? A l'exemple de ces jeunes chrétiennes qui, dans la vieille Rome, volaient au martyre, vaillantes et radieuses, elle se précipitait, elle aussi, avec une ardeur sereine vers la mort, parce que Dieu lui paraissait mettre à ce prix les splendeurs immaculées de sa vertu.

La victime s'était enfin déclarée tout entière. Où n'atteindrait pas un si magnanime renoncement ? A quoi bon épargner une âme qui, sans effort et toute rayonnante de grâce, surmontait les plus douloureux sacrifices ? Dieu pouvait enfin lâcher toutes les rênes à la douleur ; Valentine était de taille à ne point succomber.

De fait, à partir de ce jour, elle sent mieux encore le poids et l'amertume de l'immolation. Le mal opérant de nouveaux ravages, les médecins estiment que l'air de la campagne lui serait avantageux : ce changement ranimera peut-être ses forces et rendra la vigueur à ses membres épuisés. L'épreuve était cuisante pour Valentine. Quitter cette demeure, associée dès l'origine à toutes les émotions de sa douleur ! Quitter cette demeure où son enfance avait grandi et prié, où son âme s'était épanouie sous l'ar-

dente caresse des regards et des baisers maternels !
Quitter cette demeure d'où s'exhalait pour elle de
partout, des meubles et des murs, des vieux portraits, des vieilles images et des vieux livres, une
mystérieuse poésie ; cette demeure où se dressaient
à chaque pas des souvenirs qui charmaient sa vie,
comme autant de belles fleurs toutes pleines de parfums délicieux ! La quitter pour ne plus revenir
peut-être ! Pouvait-elle conserver encore de l'espoir ?
Ses forces déclinaient sans cesse. Pourquoi ajouter
le supplice de l'exil aux souffrances qui torturaient déjà
son âme ? Ne vaut-il pas mieux mourir chez soi ? S'en
aller ! Mais où ? Au loin peut-être, dans une terre où
ne viendraient plus les jeunes amies, où le cœur gémi-
rait d'isolement ? Toutes ces inquiétudes soufflèrent
un moment sur Valentine et provoquèrent en elle
des orages. Mais son trouble ne dura point. Elle se
remit aux mains de la Providence ; et Dieu, qui ne
pousse jamais à bout l'infirmité de notre nature,
corrigea l'épreuve par un aimable tempérament. A
quelques pas de Montpellier, M. Fabrège eut vite
trouvé une solitude, qui aux avantages de la ville
joignait tous les agréments de la campagne, et l'on
portait bientôt Valentine dans la nouvelle demeure.

Le voyage fut tout assombri de noirs pressentiments. Au moment de partir, elle avait promené sur
l'hôtel un long et triste regard, qui était peut-être
dans sa pensée un suprême adieu. Maintenant elle
gardait un silence abattu, et bien des nuages flottaient

sur son jeune front. Elle faisait ainsi l'apprentissage de la mort. Dieu lui enlevait une partie des biens qui la retenaient sur la terre.

Ce changement fut le signal d'une dernière crise ; elle comprit que tout finissait pour elle dans la vie, que ses espérances ressemblaient à de folles chimères, que son avenir se composerait de tout ce qu'on peut imaginer de plus douloureux. Ces perspectives de la souffrance et de la mort l'épouvantèrent encore, elle faillit tomber sous l'épreuve ; mais la grâce divine soutint ses forces, elle remporta la victoire. Le calice que Dieu lui présentait avec une surabondance d'amertumes et d'angoisses, elle consentit à le boire tout entier, jusqu'à la lie. Dès lors, sa résignation fit chaque jour des progrès qui touchèrent bientôt aux confins de la paix et de la joie.

Elle ne se trompait pas. C'est ici, dans sa nouvelle demeure, qu'elle achèvera sa rude ascension du Calvaire : au sommet l'attendent ces faveurs, ces triomphes, par où Dieu récompense toujours les fermes courages et les vertus généreuses.

VALENTINE s'étudie avec soin à cacher les aspérités de la route et les fatigues de la montée. Lui parle-t-on de ses douleurs ? « Je vous assure, dit-elle avec insistance, que je ne souffre pas. » Et la sérénité de son visage, son angélique sourire, la paix de son regard donnent presque foi en ses paroles. Elle endurait cependant un horrible martyre, qui aurait éclaté souvent par des cris, si son courage et sa piété ne l'avaient retenue. La Religieuse qui veillait près d'elle et quelquefois sa sœur étaient seules à le connaître ; car les confidences de Valentine se terminaient toujours par ces mots : « Au moins n'en dites rien ! » Elle avait si grande peur d'affliger son père et sa mère, de leur ôter ces illusions qui les aidaient à regarder l'avenir avec confiance !

Son âme était encore plus sur la croix que ses membres, et, sans exagérer, on peut dire que Valentine a passé par tous les déchirements d'une vive et délicate nature. La Providence ne lui a fait grâce d'aucun tourment.

Elle a souffert des privations imposées à sa famille. Pour son père et sa mère plus de fêtes, plus de voyages. Au retour des vacances, une mélancolie profonde noyait son cœur. Elle avait dans la pensée le souvenir et l'image de tous les pays que naguère ils parcouraient ensemble. Maintenant sa maladie condamnait tout le monde à un repos monotone. Si, du moins, on prenait en considération ses prières ! Elle pourrait bien rester seule quelques jours ! Que n'allait-on sous un autre ciel chercher un peu de distraction ? Mais sa voix autour d'elle n'éveillait point d'écho. Valentine en pleurait. Pourtant de vaillantes expériences lui avaient enseigné maintes fois que l'amour convertit en délices toutes les immolations.

Elle a souffert de la solitude où se retranchait Eugénie. « Oh ! lui disait-elle souvent, combien je t'aime ! Dieu seul le sait. Aussi, avant tout, ma chérie, je veux ton bonheur. Je serai toujours satisfaite, pourvu que tu sois heureuse. » Et, comme il lui semblait que la joie ne fleurissait pas dans son voisinage, elle sollicitait Eugénie de s'enfuir au moins quelques instants, de faire des promenades, de répondre aux fêtes qui l'appelaient. Ce point fut le seul où leurs âmes, divinement unies pour tout le reste, ne parvinrent jamais à s'entendre. Et Valentine en concevait à certains jours de charmantes colères, qui d'ailleurs tombaient vite sous une pluie de caresses et de baisers.

Elle a souffert des libéralités de sa famille. Qui l'accusera jamais d'avarice ? Et néanmoins des inquié-

tudes la chagrinèrent plus d'une fois à ce propos.
« Les pauvres, disait-elle, n'en ont pas autant. Où
est mon droit de mener une vie plus facile et plus
douce ? » Peut-être cherchait-elle aussi les joies
austères que l'âme rencontre toujours dans un religieux dépouillement de tous ses biens. Et, pour
la ramener à de justes pensées, on devait lui représenter sa fortune, sa condition, la peine qui attris-
terait ses parents, si elle refusait toutes ces pro-
digalités de leur amour. Elle n'avait pas mis longtemps à voir que l'on épiait ses moindres désirs pour
les satisfaire ; qu'à peine un mot trahissait-il une de
ses fantaisies, la chose convoitée arrivait comme par
enchantement. « Oh! que je suis malheureuse ! sou-
pirait-elle. Je ne peux rien dire sans mettre tout le
monde en mouvement. Quel compte je rendrai à
Dieu ! » Et par délicatesse Valentine surveillait ensuite
ses moindres paroles.

Elle a souffert de tous ses plaisirs évanouis, de
toutes ses espérances brisées. La séduisante image
des amusements mondains passait encore quelquefois devant ses yeux, elle se remettait en mémoire
tous leurs joyeux concerts ; et son âme tressaillait au
retour de ces visions enchanteresses. Elle demandait
alors ses parures et ses bijoux, les caressait du
regard et de la main, et sa virile énergie ne refoulait
pas toujours le flot de larmes qui lui montait du cœur.
Elles ne reviendraient plus ces fêtes dont la lumière,
trompeuse sans doute, mais souverainement aimable,

lui découvrait au loin dans l'avenir une longue perspective de ce qu'on appelle bonheur.

Valentine a souffert de l'inutilité de sa vie. Pendant que ses amies étaient le charme de leur foyer et l'exemple de la ville, pendant qu'elles fondaient, à la grande joie de la religion et du pays, des familles chrétiennes, que faisait-elle ici-bas, toujours malade, toujours à charge ? Elle avait fini d'espérer le moindre changement. De quel avantage serait sa vie pour le monde ? Toutes ces idées noires la martyrisaient. Elle oubliait alors, maintenant elle voit que la douleur, sanctifiée par Jésus-Christ, accomplit au milieu des hommes un beau travail; que son exemple illumine, fortifie et régénère souvent les âmes à des profondeurs ineffables.

Enfin Valentine a souffert de tout. Elle ne pouvait plus revoir ni la pompe de nos cérémonies religieuses, ni les magnificences de Maguelone, de son église et de la mer, ni la ville déjà toute peuplée pour elle de souvenirs et dont les vastes rumeurs lui arrivaient dans la paix et le silence du soir.

Tant d'épreuves l'accablaient, au point que son courage paraissait quelquefois l'abandonner. C'étaient alors des gémissements à fendre l'âme : « Continuez à bien prier pour moi, écrivait-elle. J'ai tant besoin de résignation à la volonté de Dieu ! Il y a des moments où je suis si triste, si découragée, que je voudrais mourir. Je reconnais que c'est bien lâche.

Mais que voulez-vous ? Je n'ai pas la force de me
vaincre. » A certains jours, la violence de ses douleurs lui arrachait des cris déchirants. « Je l'entends
encore me dire, raconte M. l'abbé Guiraud : Oh !
comme je souffre ! Comme je m'ennuie ! Comme je
suis triste !... Et, les yeux fixés au plafond, elle tor-
dait ses mains avec une sorte de désespoir. »

Ces défaillances n'ont pas de quoi nous surprendre. Epargnèrent-elles Notre Seigneur, au jardin des
olives ? Lui aussi fut en proie à toutes les horreurs
de l'ennui, de l'épouvante, de la tristesse et du
dégoût ; il conjurait son Père d'écarter cette main qui
lui tendait le calice de la passion. Le disciple n'est
pas au-dessus du Maître. Et, loin de la diminuer, ces
découragements grandissent Valentine à nos yeux. Il
fait bon la contempler maintenant aux prises avec ses
craintes et ses regrets. Lorsque nous la verrons vic-
torieuse de toute douleur, foulant aux pieds, avec un
invincible mépris, la révolte de ses membres, et mon-
tant peu à peu dans une joie, dans une extase qui
touche enfin au bonheur du Paradis, notre admiration
ne sera que plus vive. D'ailleurs, même au sein de
ses apparentes faiblesses, sa force éclate encore par
des prodiges. A les bien considérer, elles ne sont
que les surprises d'une nature, toujours en lutte avec
mille tourments qui la fatiguent ; elles ne surgissent qu'à
de rares intervalles ; peu d'âmes en ont le secret ; elles
trompent jusqu'à la vigilance inquiète des parents ;

enfin Valentine les surmonte avec un courage où l'on serait tenté de croire que la grâce divine a ramassé toutes ses énergies, tant il dépasse l'intrépidité des plus mâles caractères.

A DMIREZ sa résignation. Au comble de la douleur, non-seulement elle ne murmure pas, mais ses lèvres refusent encore de solliciter la guérison ou un faible soulagement. Près d'elle, on se figurait que sa prière avait sur Dieu tout pouvoir, et parfois on lui en voulait presque de ses douleurs : « Comment se fait-il qu'elle soit toujours malade ? pensa-t-on à plusieurs reprises. Elle ne supplie donc pas Notre Seigneur de lui rendre la santé ? »

« Valentine, lui disait sa mère, demandes-tu au bon Dieu de te guérir ? — Oh ! répondait-elle, je demande à Dieu toutes les grâces dont j'ai besoin. » Son amour ne voulait point affliger davantage ce pauvre cœur. Mais elle tremblait ensuite d'avoir menti, et de pénibles inquiétudes troublaient sa conscience. Elle avait recours à la sagesse du prêtre : « Je ne veux pas, disait-elle, avouer à mes parents que je ne demande pas la santé. Puis-je, sans les tromper, éluder ainsi leurs questions ? » La réponse était facile et produisait vite une tranquillité sereine et joyeuse.

« Saint Joseph, observait-on encore, devrait bien vous rendre la santé ; vous l'aimez tant. » — « Mais savez-vous seulement si je lui demande ma guérison ? » répliquait-elle aussitôt avec une douce vivacité, comme pour mettre à couvert d'une injurieuse défiance le pouvoir de son protecteur.

A ses amies elle disait toujours : « Priez pour moi, priez pour mes intentions. » Aux plus intimes elle dévoilait le fond de sa pensée : « Ne priez pas pour mon rétablissement ; je ne demande que la grâce de faire mon salut. Si je revenais à la santé, je pourrais me perdre. » Quelquefois elle ajoutait : « Si je pouvais aller à Lourdes, ce serait pour dire à la Sainte-Vierge de me prendre. » Et à ses deux amies de prédilection elle répétait souvent : « Je suis sûre qu'en demeurant là, étendue, j'accomplis la volonté de Dieu, puisque c'est lui qui envoie l'épreuve à ceux qu'il aime. Non, ne me poussez plus à prier pour ma guérison. »

Si Valentine abandonnait pleinement à Dieu le soin de sa destinée, elle entendait que tout le monde suivît son exemple. C'était d'ailleurs l'unique moyen de vivre en paix avec elle et de se concilier ses bonnes grâces. Malheur à qui se flattait devant elle d'arracher au Ciel sa guérison par les saintes violences de la prière et de l'austérité ! Rien ne la contristait davantage ; et sur ce point sa patience, toujours admirable par les autres endroits, se trouvait un peu en défaut. Les solliciteurs lui devenaient à charge ; elle commandait même de les tenir à distance, et nulle autorité n'était ensuite capable de vaincre sa résolution ni de forcer la consigne.

S'avisait-on au moins de la plaindre ? « Mais non ! répondait-elle aussitôt. Je ne veux pas que vous me preniez ainsi en pitié. Je vous affirme que je ne suis pas malheureuse. Vous exagérez ma souffrance. Ce que j'endure n'est rien. Oh ! par exemple, oui, ayez compassion des pauvres : eux, ils manquent de tout... tandis que, moi, je suis la plus heureuse des créatures. » Et sa parole avait un tel accent de sincérité, tant de calme et d'harmonie, que nous ne songions même point à la discuter. Les révélations de la mort nous ont enseigné depuis tout ce que la souffrance excitait de combats et d'angoisses sous ces brillants dehors de paix et de bonheur.

CEPENDANT ne poussons pas trop au noir le tableau de ses épreuves. Depuis le Calvaire, Dieu ne présente plus la croix dans toute sa nudité. Comme faisaient aux catacombes les premiers fidèles, il l'orne de pierreries, la revêt d'une éclatante lumière, la couvre de belles roses parfumées ; il n'en ôte pas les amertumes, il se contente de les adoucir. La Providence agit de cette manière pour Valentine. A toutes ses douleurs répondirent en foule de suaves consolations ; elles se précipitèrent de partout, de la nature et de la grâce, de la terre et du Ciel, du monde et de la religion.

Son martyre l'avait, s'il est possible, rendue plus chère à tous les siens. Devaient-ils la quitter ? C'était toujours à contre-cœur, et encore pour de rapides instants qui leur paraissaient des siècles. Ils n'ont rien négligé de ce que peut la fortune au service de l'amour. La mort a déjoué toutes leurs industries, ou plutôt Dieu a été jaloux de recueillir cette jeune âme en son Paradis. Pauvres affections humaines, si

empressées toujours à vanter leur orgueilleux pouvoir,
et si faibles à défendre la vie même d'un enfant !

Valentine s'entoura aussi de nobles distractions et
de délassements aimables. Par la peinture elle faisait
diversion aux ennuis de sa douleur, et ses travaux
ne manquaient point de mérite. Un missel, des gra-
vures qui sont aux mains de ses amies, des *Te igitur*
qu'elle destinait à l'autel de Maguelone, nous aident
à comprendre les jouissances délicates que lui prodiguait son pinceau. Elles devenaient même assez
vives quelquefois pour endormir ses douleurs : « Il
n'y a de malheureux que les aveugles ! » avait-elle
coutume de répéter en ces heures d'oubli.

Aux charmes de la peinture elle joignait les agréments de la musique. Une petite guitare en vieux
bois remplaçait maintenant le piano. C'était le présent
d'un magnifique et doux vieillard qui demeura jusqu'à
la fin l'un de ses plus assidus consolateurs. Après
de nombreuses recherches, il avait trouvé cet instru-
ment qui convenait à sa jeune amie, à la faiblesse de
ses mains et à la délicatesse de ses doigts. Et depuis
ils passaient ensemble souvent de longues heures.
Bien que désunis par l'âge et plus encore, hélas !
par la religion, leurs âmes se rencontraient dans
les mêmes pensées généreuses, parlaient presque le
même langage, marchaient vers Dieu du même pas.
La mort n'a point rompu leur touchante union. Le
vieillard conserve maintenant à celle qui n'est plus
un souvenir fidèle, et sous ses regards attristés la

guitare dort silencieuse dans un crêpe noir ; de son côté, l'enfant nourrit au Ciel pour celui qu'elle aimait tant sur la terre un attachement égal, et aussi, faut-il le dire ? les mêmes saintes ambitions.

Enfin Valentine lisait, et avec un entrain qui dévorait en peu de temps beaucoup de volumes. Elle n'eut guère de meilleur délassement ; car la générosité de son cœur et la distinction de son esprit la guidèrent toujours dans le choix des ouvrages. Ici rien de frivole ni de vulgaire. Les hauteurs attiraient seules sa pensée. Citons au hasard l'*Histoire de sainte Elisabeth de Hongrie*, les *Moines d'Occident*, les *Vies du P. de Ravignan*, du *P. Lacordaire*, du *cardinal Pie*, le *Récit d'une Sœur*, les *Œuvres de Mgr Lagrange*, un ami de la famille, et surtout l'*Histoire de Mgr Dupanloup*, qui avait plusieurs fois béni son enfance à Maguelone. Ces titres, jetés à l'aventure et sans ordre, indiquent assez combien le commerce des grands écrivains lui plaisait. Nous avons oublié l'*Histoire du général de Sonis :* Valentine nous en voudrait de ne point réparer notre faute. Elle avait goûté tant de plaisir à lire ces pages, qui lui rappelaient sans cesse une figure connue et bien des souvenirs heureux ! N'avait-elle pas senti battre dans une autre poitrine de héros ce grand cœur de soldat chrétien ? Il y a peu de temps, Montpellier n'avait-il point l'orgueil de posséder entre ses murs un général de même trempe ? Ainsi parlait Valentine à une de ses amies, à celle qui dans sa piété filiale

pouvait mieux que personne apprécier la justesse
d'un pareil rapprochement. Et ceux qui, dans notre
ville, ont suivi la marche de ces dernières années, ne
resteront pas longtemps à chercher le nom du vaillant
guerrier. Il n'a fait depuis que changer d'armes et
de terrain. Et, quand son droit lui permettrait de
savourer dans la gloire et le bonheur un repos
noblement mérité, il soutient en Savoie, toujours à
l'ombre du drapeau tricolore, et cette fois sous la conduite de Léon XIII, des luttes sociales dont les
coups excitent à certaines heures l'admiration de
la France chrétienne et réjouissent tous les grands
cœurs.

La peinture, la musique et les livres avaient moins
d'attraits pour Valentine que les visites de l'amitié.
Elles affluaient chaque soir. Sa coutume était de les
recevoir au jardin ; et nos âmes se rappellent encore
l'impression douce et triste dont elle nous saisissait
au premier abord. « Je la vois toujours, cette idéale
enfant, dans ce nuage de blanches et fines dentelles,
qui l'enveloppait d'une manière si délicieuse et faisait
ressortir la pureté de son angélique visage. » C'est
une amie qui s'exprime de la sorte. Nous lisons
encore dans une lettre : « Cette jeune fille me semblait
une charmante apparition du Paradis dans les blancs
vêtements qu'elle portait parfois, avec son regard
qui révélait la virginité de son âme, avec son sourire
si accueillant et cette beauté presque trop idéale

d'une enveloppe qui allait bientôt se briser. Valentine offrait bien l'image la plus touchante que l'on pût voir de la jeunesse et de la souffrance unies ensemble, mais surnaturalisées par la piété chrétienne. » Elle était assise dans sa voiture, à l'ombre d'un magnifique cèdre, sous un dôme de feuillage, au milieu d'oiseaux et de fleurs. « Se pouvait-il imaginer un encadrement mieux assorti ? nous dit une page encore trempée de larmes. Cette jeune fille n'était-elle pas comme une fleur virginale ? »

Si nous aimions à jouir de sa vue, nous aimions plus à l'entendre. L'un de ceux qui eurent souvent leur place à ces réunions de l'après-midi, nous la représente « égale avec tous, sans prétention, affable envers les petits comme envers les grands, bienveillante à l'excès, excusant les autres, ne parlant jamais d'elle-même, dissimulant ses souffrances pour ne pas affliger son entourage, modèle accompli de simplicité, de grâce et de distinction. » Ces éloges demeurent au-dessous de la vérité. Aussi le temps était bien court près d'elle ; et quand, au départ, sa voix charmante et son exquise bonté remerciaient le visiteur, elle entendit plus d'une fois cette réponse : « Ne changeons pas les rôles ; c'est moi l'obligé, et je sollicite comme une faveur de pouvoir revenir. » Ces expressions, que le monde a coutume d'employer sans y croire, n'avaient rien sur nos lèvres que de naturel : elles partaient d'un sentiment

qui tenait les cœurs assujettis à son empire ; elles
supposaient en outre des relations de tendre et
intime sympathie qui durent souvent adoucir pour
Valentine bien des amertumes.

ALGRÉ tous leurs charmes, les consolations de la nature cédèrent toujours le pas à celles qui lui venaient de la grâce ; et ici nous rangerons en première ligne les délices de la charité. Elle ressentait un bonheur ineffable à travailler pour les pauvres, à leur faire des vêtements, à leur distribuer des aumônes tirées de sa bourse. Le récit de leurs peines la touchait d'une affectueuse compassion ; elle aurait voulu soulager toutes les misères humaines. Sublime ambition où s'embarrassent seuls les cœurs assez chrétiens pour ne point se résigner à la souffrance d'autrui.

Valentine eut encore envie du travail et des joies de l'apostolat. Ses amies sacrifiaient, tous les jeudis, une part de la soirée pour enseigner le catéchisme aux petites filles des écoles laïques. Emportée d'une sainte émulation, elle imita leur exemple ; et, peu de jours après sa mort, une enfant, que ses soins avaient longuement instruite et préparée, recevait Notre Seigneur pour la première fois. Elle entendait

par là expier l'inutilité de sa jeunesse, combler, au
moins un peu, ce vide qui lui causait quelquefois,
devant sa conscience et devant Dieu, de si mortelles
angoisses.

Cependant à quoi bon se lancer en de pareils
soucis ? Ignorait-elle que sa vie était pour nous une
éloquente leçon ? Et, par crainte que son humilité ne
lui fermât les yeux sur cette gloire, des voix, capa-
bles de lui inspirer du crédit, n'avaient-elles pas
souvent la précaution de l'en avertir ? Apôtre ! Mais
dans notre cité quelle jeune fille le fut jamais autant
que Valentine ? Maintenant que sa mort a déchiré
certains voiles, nous pouvons estimer le bien qu'elle
a fait dans les âmes. « Près d'elle j'ai beaucoup
appris, » disait naguère un homme de grande considération. La marquise de Boisdenemetz écrivait,
elle aussi : « J'aimais à aller la trouver. Son angélique douceur me pénétrait profondément, et je
sortais toujours de ces visites, le cœur embaumé,
me disant que je venais de voir un ange et sen-
tant que près d'elle on devenait meilleur. » Et le
général Borson lui a rendu ce magnifique témoignage :
« Si Dieu l'a conservée pendant bien des mois dans
la souffrance, c'était pour l'édification de ce monde
qui a tant besoin d'exemples de vertu et de sacrifices... Il faut bien quelquefois de tels exemples
pour nous rappeler à la vie surnaturelle. » Enfin,
parmi ceux qui la virent de près, s'en trouve-t-il un
seul qui refuserait de signer ces lignes d'une fran-

chise et d'un abandon presque naïfs ? Nous les détachons d'une lettre, échappée au feu comme par miracle : « Je mettrai toujours parmi les plus grandes grâces de ma vie de vous avoir connue, et par le bien que vous m'avez fait vous jugerez un jour que votre jeunesse n'a pas été inutile. Je vous l'ai dit plusieurs fois et j'aime à vous le redire, vous ne saurez jamais tout le bien qui m'est venu de vous. Ici ne vous récriez pas, ne protestez pas. Cela est pour moi, cela est encore ainsi pour d'autres qui ne me l'ont point caché. » Ce langage donnait sans doute le frisson à l'humilité toujours si délicate de Valentine ; mais il devait aussi rendre son fardeau plus doux, et l'on avait raison d'ajouter : « Je veux que vous sachiez toutes ces choses, parce que votre âme ne peut trouver là que d'infinies consolations. »

Des prêtres, qui avaient en ses mérites une absolue confiance, regardaient comme une heureuse fortune de l'associer à toutes les entreprises de leur apostolat ; et, aux heures de lutte, son alliance a maintes fois encouragé leur zèle défaillant. L'un d'eux lui écrivait un jour : « Je vous confesse en toute simplicité que la certitude où je suis que vous priez pour moi, que vous souffrez pour moi, me remplit l'âme d'une force et d'une confiance inouïes. Souvenez-vous donc que je suis friand, avide de vos prières et de vos souffrances ; ne me les épargnez pas, soyez ainsi de moitié dans tous les fruits de mon apostolat.» Et encore : « Je sens que par vos prières et vos souffrances vous êtes là, dans mes travaux, pour les sanctifier et les féconder. Continuez à m'assister ainsi ; j'ai la ferme persuasion que vous avez plein pouvoir sur le cœur de Dieu. » Le missionnaire ne se trompait pas. Sur sa rude croix une victime si pure devait gagner pour les indifférents et les pécheurs bien des lumières de conversion et des grâces de retour.

Nul peut-être ne subit autant que M. Dubrueil cette angélique domination de Valentine, parce que nul sans doute n'eut le bonheur de l'approcher aussi souvent que lui. Durant trois années, il ne se fatigua point de la disputer à la souffrance et à la mort ; il y consacra son magnifique talent, qui le range parmi les maîtres de la science contemporaine, et, ce qui vaut mieux encore, toutes les intuitions de son noble cœur. Il chérissait Valentine à l'égal d'une enfant, passait un moment près d'elle chaque matin, et, s'il était en voyage, lui écrivait, à peu près tous les jours, une lettre qu'elle plaçait à l'endroit des souvenirs intimes et des riches trésors. Car Valentine, à son tour, l'aimait comme un père. Elle savait reconnaître les services de son docteur par un de ces mots où le regard et le sourire enferment plus de choses que n'en diraient de longs discours. Elle avait à son égard des attentions exquises, où se cachaient peut-être une arrière-pensée meilleure encore, un céleste désir qu'elle n'osait exprimer. Le temps ramenait-il pour lui un douloureux anniversaire, elle demandait une messe et l'invitait à s'y rendre. Séjournait-il dans les Pyrénées, elle le conjurait de faire en son nom une visite à Notre-Dame de Lourdes, à sa Vierge de prédilection. La ruse n'était point savante. Aussi comment redouter le piège que tendait une main si novice ? Et M. Dubrueil s'exécutait de bonne grâce.

L'éminent professeur nous pardonnera ces rapides souvenirs. Sans eux la physionomie de Valentine resterait inachevée. D'ailleurs, en des pages destinées à la peindre, pouvions-nous le tenir à l'écart ? Leurs âmes furent si étroitement liées sur la terre ! Et maintenant ne vivent-ils pas ensemble dans notre mémoire et dans nos cœurs, elle entourée d'amour, et lui de reconnaissance ?

Entre tous les secours qui allégèrent les souffrances de Valentine, n'omettons pas de citer la prière. Dès l'enfance, éprise pour elle d'une sainte dilection, elle lui témoignait à présent une cordialité plus vive encore. Elle priait le jour, elle priait la nuit, même au risque d'augmenter ses fatigues, et ne négligeait aucune de ces pieuses pratiques que l'Eglise offre avec une si maternelle générosité aux épreuves de la vie. Mais aussi le Seigneur qu'elle y cherchait lui prodiguait toutes les tendresses d'un père, armait son cœur d'une invincible patience et l'abreuvait de joies célestes. On le voyait bien vite aux larmes heureuses qui tombaient de ses yeux fermés, à la douce flamme de son visage, au sourire qui entr'ouvrait ses lèvres.

Enfin la religion ne délaissa point un seul jour Valentine ; même elle prit un souverain plaisir à l'environner de complaisances et de privilèges. Le P. Lazare, devenu son directeur après le départ de M. l'abbé Guiraud, lui permettait de puiser à pleines mains dans tous ces trésors de grâce et de sainteté, qu'il recueille au fond du cœur pour les distribuer à l'indigence des foules. Mgr de Cabrières vint aussi près d'elle, à plusieurs reprises ; et, chaque fois, le paternel Évêque mettait à la discrétion de l'enfant tous ses pouvoirs : « Demandez-moi ce qui vous plaira, disait-il ; et, lorsque je ne suis pas à Montpellier, adressez-vous sans crainte au P. Lazare ; je le délègue à ma place. » Des Prêtres, amis de la famille, apportaient encore à Valentine leurs encouragements ; et, si le devoir les retenait au loin, il lui en arrivait des paroles bien propres à raviver son courage et sa foi. Témoin ces lignes : « Je pense souvent à la pauvre victime, à celle que je me représente comme une captive et une prisonnière de la douleur. Prisonnière, vous l'êtes bien. Mais portez vos yeux plus haut que la terre, n'estimez point la création selon les idées du monde, et vous jugerez alors, dans la lumière de la foi et de l'éternité, que le Seigneur vous a fait une belle et riche part, qu'il vous a traitée avec amour. Heureux ceux qui pleurent, parce qu'ils seront consolés ! Notre Seigneur lui-même l'a dit... Oh ! oui, que Dieu a été bon pour vous ! Vous refusez de vous plaindre, et vous faites bien. Mais je vous conjure au moins de bannir toute frayeur et d'abandonner votre âme à une joie, à une confiance, à une paix sans bornes. Tant que vous ne serez point arrivée à ce terme, il vous manquera quelque chose pour être souverainement agréable au regard et au cœur de Jésus-Christ. Reposez donc filialement dans les bras de ce bon Maître, laissez-lui tout le soin de votre âme, et ne soyez plus occupée qu'à le contempler et à l'aimer. »

Nous accusera-t-on de violer une promesse et de trahir un secret, si nous dévoilons maintenant la grande faveur que Valentine plaça toujours au-dessus des autres consolations ? Par une dispense miséricordieuse elle entendit plus de trente fois la messe dans sa chambre. Dieu vint à la pauvre malade, parce qu'elle ne pouvait pas aller à lui. C'était un tableau bien attendrissant que cet auguste sacrifice, où la victime de la terre et la victime du Ciel unissaient leur immolation et se consumaient ensemble, à la gloire du Seigneur, dans le feu d'un immense amour. De la célébration de nos mystères Valentine retirait une force à toute épreuve. Et quand la douleur multipliait ses coups, de son lit elle regardait la place où Jésus avait renouvelé pour elle tous les prodiges de Bethléem et du Calvaire ; ce souvenir allumait aussitôt dans son cœur une ardente soif de souffrances nouvelles.

Ces *gâteries de la Providence*, comme parlait Valentine, lui faisaient dire souvent : « Je suis trop heureuse, trop aimée... J'ai peur... Priez au moins pour mon salut... Mon bonheur m'épouvante. » Paroles admirables qui répugnent à l'intelligence comme au cœur, tels que la nature nous les a donnés, et qui exigent, pour être comprises, toute l'énergie d'une foi sans mélange ! A ces félicités, qu'elle jugeait pleines de périls, Valentine opposait un remède ; et, dans ce dessein, elle ajoutait la pénitence à toutes les tortures qui crucifiaient déjà son âme et son corps. Laissant à regret les autres, contentons-nous de deux faits.

Elle ne pensa jamais que ses douleurs et ses privations de tout genre la délivraient des abstinences commandées par l'Eglise. Sur ce terrain la lutte devenait quelquefois un peu vive avec les siens. Mais le différend se terminait toujours par un compromis ; Valentine consentait à ne faire qu'un repas maigre. Et, pour l'avantage même de la paix, force était à sa famille de subir l'arrangement.

Valentine idolatrait aussi les fleurs, surtout les violettes. Son père lui en offrait tous les matins un bouquet. Elle souriait à leur vue, mais ne les recevait pas encore. Saint Joseph devait avoir les prémices de leur beauté, de leur parfum ; et, quand elles avaient passé un moment aux pieds de la chère image, alors seulement elle acceptait de les tenir entre ses mains et d'en respirer la suave odeur.

On le voit : les consolations et les joies, que Dieu semait sur la route, n'empêchaient pas la montée du Calvaire d'être toujours âpre et difficile ; et, au lieu d'élargir la voie, Valentine travaillait à se la rétrécir. Mais elle touchait enfin au sommet. Peu à peu la Providence avait brisé toutes ses chaînes. Maintenant, affranchie de l'esclavage des sens et du monde, elle mesurait la vie d'un œil ferme et tranquille. Elle savait ce que la terre pouvait lui accorder de bonheur, et ne se refusait point à le goûter ; mais elle savait aussi que dans notre univers tout est fragile et passager. Affamée de repos, de plénitude, elle sentait croître en son cœur un goût mystérieux de la mort. Tout le chaste élan, qui l'avait quelquefois entraînée vers les espérances humaines, se tournait à présent vers le Ciel ; dans sa perfection nos regards ne distinguaient plus une ombre. N'étaient-ce point là des signes avant-coureurs de l'heure suprème ? Ces prévisions de la sagesse chrétienne devaient bientôt s'accomplir. Le terme approchait, où Valentine allait recevoir au sein de Dieu l'immortelle récompense des épreuves de sa courte vie. A la fleur de son âge elle était déjà mûre pour l'éternité.

LA MORT

Nous vivions tranquilles, lorsque le mal éclata comme un coup de foudre dans un ciel serein. Il eut vite exercé de terribles ravages. Plus de doute ; nous assistions au travail de la mort, et la violence des premières douleurs annonçait une fin prochaine. Pourtant l'agonie de Valentine dura cinquante-trois jours. Dieu voulait, par tant de cruelles souffrances, mener la victime à une vertu consommée, et ramasser en elle tous les mérites d'une longue et admirable vie.

C'est grand dommage que nulle main n'ait recueilli, heure par heure, toutes les émotions, toutes les paroles de la jeune âme qui s'envolait. Nous aurions là des pages, dignes de figurer avec honneur dans les plus belles histoires de nos saints. Contentons-nous maintenant de rassembler au hasard quelques souvenirs et de les présenter sans effort, sans ornements : ils offriront par eux-mêmes assez de charme et de grandeur. La simplicité d'un récit fidèle convient seule à tant de gloire.

Pendant tous ces jours d'épreuves, l'amour, l'enthousiasme de la mort est le trait dominant de Valentine. Cette envoyée du Seigneur n'a point à ses yeux le visage d'une justicière, mais d'une libératrice, d'une sœur, d'une tendre amie ; elle possède toutes les grâces, ses mains sont pleines de trésors. Les saints ne la voyaient pas dans une autre lumière. Et notre malade n'avait point de passe-temps plus doux, que de considérer la mort qui était là, tout près d'elle, sur le point de l'emporter. Ecoutons encore ici M. l'abbé Guiraud : « Larochefoucauld a écrit : Ni le soleil ni la mort ne se peuvent regarder fixement. Lui-même devait donner un démenti à sa parole, le dernier jour de sa vie, en mourant avec résignation dans les bras de Bossuet. Mais je n'ai jamais vu de plus beau démenti à cette triste maxime que celui de Valentine : elle a regardé la mort fixement et elle n'a pas baissé les yeux. Loin d'être épouvantée, elle lui a souri doucement, elle l'a enviée, elle l'a désirée, elle l'a appelée de ses vœux ; elle a eu soif de mourir comme d'autres ont soif de vivre. Longtemps elle s'était estimée heureuse de souffrir, entourée de tous les siens. Sa résignation joyeuse était visible à tous les regards. Mais un jour vint où cette vie de maladie, qu'elle aimait tant cependant, lui parut moins belle que la mort. Je n'exagère point. Elle me l'a répété mille fois et de façon à ne laisser aucun doute.... Que de fois, et pendant des années, elle m'a demandé la permission de désirer cette mort, qui devait lui ouvrir les portes de la patrie ! Je refusais toujours. Demandez simplement la volonté de Dieu, lui disais-je ; faites comme le Christ à Gethsémani, c'est plus parfait. Mais elle n'était pas contente. Un jour enfin, c'était le 5 avril, la dernière fois que je l'ai vue, elle me dit d'une voix caressante : « Le P. Lazare n'est pas » aussi méchant que vous ; il me permet de désirer la » mort. » Tout ému, je l'autorisai à mon tour. « Per_ » mettez-moi donc, ajouta-t-elle, de prier aussi pour » que je meure bientôt. » Et comme je résistais, elle me pressa si vivement que je finis par céder à ses désirs. « Merci ! Merci ! » s'écria-t-elle toute transportée. Et le sourire s'épanouit sur son visage altéré par la douleur. « Merci ! Cette fois je suis sûre de » mourir bientôt, je serai morte avant que vous ne » reveniez le mois prochain. »

Valentine avait raison, ses vœux allaient être comblés. La terre disparaissait au loin ; des lumières inaccoutumées trahissaient déjà le voisinage du Ciel. Au terme de sa course, c'était une chose consolante et sainte de contempler son bonheur et sa joie.

Un Religieux se trouvait quelquefois dans la famille, lorsque M. Dubrueil faisait sa visite du soir ; il accompagnait ensuite le docteur, puis se rendait auprès de Valentine : « Eh bien ! demandait-elle aussitôt, qu'a-t-il dit ? Mais d'abord promettez-moi de ne rien me cacher. — Mon enfant, répondait le Père, je vous le promets. Et, pour tenir parole, voici les termes employés par M. Dubrueil : Elle est aussi près de la mort que possible ; si elle mourait pendant la nuit, je n'en serais pas étonné.» A ces mots, une joie céleste illuminait son visage ; ses lèvres ne savaient plus que rendre grâce avec un charme inouï ; elle craignait toujours de ne pas témoigner assez de reconnaissance. Alors commençaient de suaves entretiens, où l'enfant contait au Prêtre les douceurs de la mort, l'avantage de quitter ce monde et de retourner à Dieu, comme, à la veille d'un voyage, on parle avec entraînement de tous les plaisirs qui sont au bout du chemin. Valentine s'arrêtait par moments : « C'est bien sûr, au moins, demandait-elle encore, que je ne sortirai pas de cette crise ? — C'est absolument sûr, » répliquait le Père. « Cependant j'ai tant de fois échappé à la mort ! — Oui, sans doute. Mais à présent tout est fini. M. Dubrueil et M. Grasset admirent même que vous viviez encore. — Oh ! dites-le-moi souvent. Tout cela me donne tant de bonheur ! » Puis elle remerciait encore le Prêtre avec des effusions de joie que la parole n'exprimera jamais. De pareilles scènes se renouvelaient presque tous les jours. Souvent elles avaient lieu entre le P. Lazare et Valentine. Les disciples du monde condamneront peut-être la divine liberté de ce langage ; leur prudence toute charnelle aurait jeté sur la mort un voile impénétrable. Mais ils n'entendent rien à la conduite des âmes, aux sublimes élans de la vertu, au doux mystère de la tombe chrétienne ; ils ne seront jamais de taille à comprendre Valentine. Et leur blâme ne vaut seulement pas que l'on s'en occupe.

D'ailleurs il n'était point facile de retenir en nous la vérité ; notre pieuse enfant la devinait par intuition ou l'obtenait de force. Toujours à l'affût d'un geste, d'un regard, d'une parole, d'une impression, elle épiait encore sur le visage toutes nos pensées, nos craintes et nos peines ; parfois aussi elle livrait de tels assauts, que les sages, rompus cependant à tous les artifices, ne tardaient point à se reconnaître vaincus. Ce fut, un jour, l'histoire de M. Grasset. Il se disposait à partir, lorsque Valentine dit à sa famille qu'elle voudrait parler un instant toute seule avec le docteur. On avait à peine fermé la porte. Soudain elle demande, d'un air grave et sans préambule : « Que pensez-vous de mon état ? » Surpris de l'attaque, M. Grasset travaille à se dérober par une de ces formules vagues, qui laissent aux malades un peu d'espérance et d'illusion. Mais Valentine a saisi la ruse et continue. Redressant avec une autorité majestueuse sa pauvre tête, qui pliait depuis quelques jours sous la douleur : « J'ai le droit, reprend-elle, de savoir toute la vérité. Vous me la devez en ce moment, comme un Prêtre la doit aux âmes. Il faut que vous me la disiez. Vais-je mourir ? » Le docteur était subjugué par ces yeux qui reluisaient d'un feu tout divin, par cette voix ferme et pleine où se révélait un cœur déjà bien au-dessus de toutes nos fragilités. « Mademoiselle, répondait-il aussitôt, puisque vous me pressez ainsi, je ne peux vous dissimuler que vous êtes tout près du Ciel. » Alors elle lui prend les mains, les serre avec amour, les couvre de larmes joyeuses et de baisers. « Oh ! soupira-t-elle, merci, merci pour la bonne nouvelle ! Que vous êtes bon ! Quel bonheur je vous dois ! Oui, vous êtes bon ! » M. Grasset n'y tient plus. Emerveillé de trouver ensemble une si brillante jeunesse et ce détachement de la vie, cette joie de mourir, il traduit toute son admiration par ces mots : « Et vous, Mademoiselle, vous êtes une sainte ! » Puis il s'éloigne, emportant au cœur une émotion qui, plusieurs jours après, nous l'avons vu, durait encore vive et profonde comme au premier soir.

Cette passion de la mort avait revêtu différentes formes et subi plusieurs phases. D'origine vulgaire, elle avait peu à peu, sous l'empire de la grâce, rejeté les imperfections du commencement, et par de vaillantes étapes conquis enfin une splendeur qui ne pouvait plus augmenter.

Le dégoût de la vie l'avait seul fait naître. Valentine crut d'abord que tant de souffrances la déprimaient à tous les regards, que dans l'avenir la terre se déroberait toujours à ses pas, que les hommes la supporteraient seulement par pitié ; son humilité lui représentait comme autant de bienveillantes aumônes les affections qui volaient de partout à sa rencontre. Au début, ces imaginations ébranlèrent de violentes secousses toute sa nature, et bientôt elle brûla de quitter un monde où elle ne passait plus à ses propres yeux que pour une étrangère.

Il n'y avait point que la souffrance pour lui donner de pareilles envies. La malice humaine y travaillait encore de toutes ses forces. Sans doute elle n'en connaissait pas à fond les artifices, les ignominieux détours : mais le peu qu'elle avait appris décourageait son âme. Elle, si noble, si franche et si pure, vivre, de longues années peut-être, parmi tant d'hypocrisies, de corruptions et d'abaissements ? Jamais ! Et de tout cœur elle soupirait après le jour qui l'emporterait dans un monde meilleur, à l'abri de toutes nos misères.

Ces jugements trop naturels firent bientôt place à la crainte d'offenser Dieu. La nature est si faible, le péril si fréquent ! Ne valait-il pas mieux abandonner cette demeure mortelle, où d'invisibles ennemis assiègent tous nos pas, et entrer dans le pays qui demeure toujours fermé aux tentations et aux changements ? Ces idées la poursuivaient sans cesse. Par toutes ses énergies elle invoquait la mort, qui l'arracherait enfin au terrible danger de perdre le Ciel et de mériter l'enfer.

Maintenant Valentine est sortie des voies ordinaires : Dieu lui a fait signe de monter plus haut. Sur les cimes qu'elle habite, le monde ne lui paraît

seulement pas un grain de poussière ; les bruits de
la malice humaine expirent au pied de la montagne
sainte ; la frayeur du péché a disparu. Elle ne veut
plus la mort que pour contempler Dieu et jouir toute
de lui dans la grande lumière qui n'a point d'ombres,
dans le grand amour qui n'a point de défaillances.
Elle disait souvent : « Je voudrais mourir pour avoir
le bon Dieu. » Et le désir du Ciel la plongeait en des
transports, en des ravissements, qui, sans les conseils
et le frein modérateur de la prudence chrétienne,
auraient diminué ses jours.

Cependant elle observa jusqu'au bout, dans cette
vive passion, une mesure parfaite : malgré son im-
patience d'arriver à Dieu, elle n'eût rien omis de ce
qui pouvait encore soutenir ses forces et prolonger
son exil. « Quoiqu'il me tarde de mourir, disait-elle,
je veux employer tous les remèdes et obéir en toute
chose. Je veux que Dieu n'ait aucun reproche à me
faire sur ce point. »

Mais voici où resplendit surtout l'opération de la
grâce, et où Valentine, à force de prières et de courage, réduit à néant toutes les impressions les plus
enracinées dans notre nature. Le désolant appareil,
les suites lamentables de la mort auraient dû la péné-
trer au moins d'épouvante et d'horreur. Elle avait
montré, toute sa vie, tant de délicatesse ! Et les
témoins de ses derniers jours n'ont pas oublié la
suprême élégance dont elle avait encore souci, à
son insu. Pourtant les corruptions de la tombe n'ob-

tinrent d'elle ni une plainte, ni seulement un regret.
On croira peut-être qu'elle n'y pensait pas. Mais,
trois semaines avant de mourir, elle disait à un
Prêtre : « Vous prierez bien un peu à côté de mon
cadavre. Pourrais-je vous demander une grâce ?
Promettez-moi que, sitôt la décomposition venue,
vous veillerez à ce que l'on me jette un voile sur
la figure. Et vous empêcherez dès lors que l'on me
regarde. Je voudrais tant ne laisser à personne un
pénible souvenir ! » Elle songeait donc aux détails
rebutants, aux destructions prochaines, mais sans
dégoût ni frayeur. Le Ciel n'était plus qu'à deux pas.
L'approche du soleil divin, qui faisait évanouir à ses
yeux tous les fantômes du monde, lui transfigurait
sans doute les humiliations du tombeau.

LA souffrance est l'auxiliaire de la mort, elle lui
prépare les voies. Valentine la chérissait à ce
titre, et d'une affection qui devrait confondre
notre mollesse. Vous chercheriez en vain un murmure sur ses lèvres. Aucune épreuve ne pouvait
irriter, ni fatiguer sa patience. « Que Dieu est bon !
Que Dieu est bon ! » redisait-elle à tout propos. Et
cependant elle souffrait d'horribles douleurs. Pour les
cacher à nos yeux, elle avait beau se raidir contre les
épuisements de la nature ; son visage pâle, amaigri,
portait la trace de ces rudes batailles, et ses paroles
aussi finissaient par nous en livrer certains échos. Elle
demandait un jour : « Comment font ceux qui n'ont
pas la foi, quand ils souffrent ? Mais, en ce moment,
moi, si je ne croyais pas, je me tirerais un coup de
pistolet ou je me donnerais un coup de poignard.
Oh ! je n'en peux plus de souffrir. Mais je crois que
vous êtes bien bon, ô mon Dieu ! » Elle disait encore
avec un triste et délicieux sourire : « Non ! non ! je
ne veux plus rien solliciter du bon Dieu. Je lui avais

demandé de faire ici-bas mon purgatoire. Pour le
coup, je trouve qu'il m'a trop bien exaucée. » Mais
ces fatigues ne l'effleuraient qu'à la surface ; elles
n'entraient pas au dedans où régnait une divine suavité. Ce langage était le gémissement des membres ;
l'âme y répondait par de sublimes cantiques.

A mesure que Valentine épurait sa passion de la
mort, elle ennoblissait aussi son amour des souffrances. Elle s'en ouvrait une fois à un Religieux : « Jusqu'à présent, lui disait-elle, j'offrais mes douleurs au
bon Dieu en expiation de mes fautes, pour rester
moins de temps au purgatoire. Désormais je ne veux
plus songer à moi. Je veux m'oublier tout à fait. J'of-
frirai tout à Dieu pour sa gloire et pour la conversion
des pécheurs. Qu'en pensez-vous ? N'est-ce pas
mieux ainsi ? » Et ces paroles tombaient de sa bouche avec une ravissante simplicité, sans aucun air de
croire qu'elles jaillissaient d'un héroïsme profond.

Valentine avait dompté l'aiguillon de la souffrance.
Loin de parer ou d'amortir ses coups, elle semblait n'en avoir pas d'inquiétude et garder pour les
autres les lumières, les énergies de son âme. Cette
victoire, nous l'admirions à tout propos en mille détails
qu'il serait trop long d'énumérer. Sauvons au moins
de l'oubli deux ou trois faits qui nous reviennent en
mémoire.

C'était pour elle, chaque matin, un nouveau supplice d'arranger sa longue et soyeuse chevelure. Un
jour, elle manifeste l'intention de la couper. Mais

aussitôt, dans les yeux de M. Fabrège, passe comme
un nuage de tristesse. Le père avait peine à sacrifier
ces grands et beaux cheveux qui couronnaient le
front de sa fille. Valentine a tout deviné. « Mon
projet vous ennuie, ajouta-t-elle sur-le-champ, qu'il
n'en soit plus question ; je ferai comme vous voudrez. »

Sa générosité brille mieux encore dans le trait qui
suit. On avait mal compris l'ordonnance du médecin,
et, à la place du remède qui devait assoupir la douleur,
la famille reçut un affreux excitant. La méprise amena
de si cruelles souffrances, que l'on courut en toute
hâte, pendant la nuit, chez M. Dubrueil. L'erreur,
d'où venait tout le mal, fut bientôt mise à jour. Et
comme une indignation mêlée de colère avait gagné
les cœurs, Valentine employait ses forces, toute son
industrie à les calmer ; elle justifiait le coupable et conjurait les siens de ne plus s'emporter ni se plaindre.
Elle ne se lassait pas de répéter : « Au moins, que ce
soit bien entendu, on ne dira rien ; cela pourrait
nuire. Il y aurait de l'indélicatesse à parler ; ne por-
tons jamais préjudice à quelqu'un. » Et de tout cœur
elle offrait à Dieu son martyre qui l'associait davantage
aux expiations du divin Crucifié.

Quand le reste s'effondrait en elle, sa charité con-
servait encore toute la grâce des anciens jours. La
veille de sa mort, Valentine apprenait qu'un jeune
homme, entré naguère au service de la famille, n'a-
vait dans sa chambre aucune marque de religion. Elle
s'anime aussitôt d'une vigueur nouvelle, donne des

ordres, et peu après le domestique recevait par ses soins un chapelet et une image de la Sainte-Vierge.

Toutes ces vertus, qu'embellissait encore d'un charme indicible le voisinage de la mort, ne portaient aucun dommage à son humilité ; elle avançait plutôt chaque jour dans le mépris de tous les dons que la Providence lui avait si libéralement départis. Elle n'avait sous les yeux et dans le souvenir que les fautes, les imperfections de sa vie ; et, sous peine d'exciter un orage, notre admiration avait besoin devant elle de modérer ses épanchements. Un Prêtre, qui ne l'avait point vue pendant tout le carême, fut ensuite assez mal inspiré de lui dire : « Courage et confiance, mon enfant ! Vous irez au Ciel tout droit. » Certes, il n'entrait point dans ces paroles une apparence même de compliment. Elles firent pourtant beaucoup de peine à Valentine ; elle y vit une louange et les repoussa comme une offense. « Pas du tout ! répliqua-t-elle ; je suis une grande pécheresse. Promettez-moi de me juger toujours ainsi... Oui, oui, j'ai grandement péché. Vous le croyez au moins ? » Et la paix ne revint qu'après la soumission du flatteur. Les jours suivants, elle traita plusieurs fois cette même affaire et s'assura qu'on la tenait pour une âme de rien. Le visage se couvrait alors des ombres de la plus profonde et de la plus austère humilité.

Cependant une légère inquiétude passait par intervalles sur ce front, d'ordinaire si radieux et si pur. « N'avez-vous aucun chagrin ? » lui demande un Père jésuite. « Non, aucun. » Mais elle avoue bientôt que ses dernières volontés la tourmentent. Ne l'accusera-t-on pas d'avoir subi des influences ? Croira-t-on la confidente qui les a seulement reçues de vive voix ? Le Père s'efforce de la rassurer; mais il y perd son temps et sa peine. « Enfin, ajoute-t-il, serez-vous contente, si je les écris moi-même, sous votre dictée, et si je les conserve ensuite pour les remettre à vos parents? » Valentine à ces mots eut un rayonnement de bonheur. Quand elle eut fini : « Maintenant, dit-elle, je suis tranquille. Père, que je vous remercie ! Que vous rendrai-je pour ce bienfait ? — Vous prierez et vous souffrirez pour moi. — Oh ! oui, beaucoup, beaucoup. » Puis elle murmurait encore : « Que je vous remercie ! De quel poids vous m'avez déchargée ! »

Aurait-on le désir de connaître son testament ? Il ne fera que mettre davantage en lumière à tous les yeux sa piété, sa tendresse et son humilité. Après les souvenirs qu'elle donne à ses amies, à tous ceux dont les sympathies ont tant de fois consolé ses douleurs, elle demande que dans la cathédrale de Maguelone ses parents établissent un monument de sa dévotion envers saint Joseph. Puis elle concerte jusque dans le détail sa parure mortuaire et l'ordonnance de ses funérailles. Elle veut aussi que les pauvres n'aient point à souffrir de son absence ; que la Religieuse, dont elle a reçu des soins toujours si dévoués, fasse un pèlerinage à la grotte de Lourdes. Enfin elle réclame un grand nombre de messes et prie sa famille de lui en consacrer au moins une, tous les jours, pendant une année. Une révélation devait nous apprendre bientôt que, dès l'âge de huit ans, sans rien dire à personne, elle commençait à prélever, pour les suffrages de son âme, un magnifique tribut sur les dons qui lui étaient offerts. Cette mesure de prudence ne cachait certes pas un soupçon, injurieux à la tendresse des siens ; elle redoutait seulement que leur indulgente charité ne lui ouvrît trop tôt les portes du Paradis : « Au moins, disait-elle naïvement, cet argent m'appartient, et l'on sera contraint de l'employer sans retard au soulagement de mon âme. » Elle avait ainsi un petit trésor de cinq cents francs.

Une fois ses volontés suprèmes confiées à un Religieux qui prenait l'engagement de défendre leur sincérité et de surveiller leur prompte exécution, son cœur n'avait plus d'inquiétudes. Elle pouvait enfin partir. L'heure, si longtemps appelée, sonnerait-elle bientôt ? On le craignait autour d'elle : ses forces diminuaient tous les jours ; les médecins eux-mêmes ne comprenaient plus rien aux lenteurs de la mort. Valentine, de son côté, ne gardait point d'illusions ; elle se félicitait plutôt de voir que les ombres continuaient à descendre et que déjà la nuit commençait. Le mardi, 11 avril, elle implora l'extrême-onction. « Pourquoi si vite ? lui objecta M. Fabrège. Tu peux avoir encore longtemps à vivre. » Valentine, désireuse de porter au tribunal divin les grâces et les mérites du sacrement, avait toujours voulu ne le recevoir qu'à toute extrémité. « Que me servirait, dit-elle à son père, de vivre encore longtemps ? Ne faut-il pas mourir ? Que gagnerais-je à attendre cinquante ans de plus ? Je pourrais me perdre, voilà tout ! » Et comme il lui parut que la fin n'était pas loin, elle insista. « Je ne mourrai pas plus vite, » observa-t-elle. La famille évita de contrarier ses désirs. Cependant Valentine retarda la cérémonie jusqu'au mercredi, jour consacré par la dévotion de l'Eglise à saint Joseph.

Le lendemain soir, il y eut dans cette chambre une scène émouvante, que les annalistes des premiers âges chrétiens auraient pieusement consignée entre deux récits de martyres. Il était huit heures. La chère malade s'était déjà confessée. Quand le Prêtre arriva, portant sur sa poitrine le Dieu de toute consolation et de toute force, les parents et les serviteurs entouraient son lit ; elle avait tenu à les rassembler tous comme pour une fête. En présence de Notre Seigneur, ses yeux fatigués et son visage pâli eurent comme des reflets d'un monde invisible et supérieur. Bientôt elle faisait signe au Prêtre d'avancer et lui disait tout bas : « Je ne peux plus parler. Mais, en mon nom, demandez pardon à tous pour la peine que je leur ai faite, pour les mauvais exemples que je leur ai donnés. Moi, je pardonne à tous ceux qui ont pu m'affliger ou me vouloir du mal.» Dès que le Prêtre, refoulant par un suprème effort

son émotion et sa douleur, se mit à traduire les sentiments de Valentine, tous les courages furent à bout ;
et ces pauvres âmes, qui depuis un moment se con-
tenaient à peine, éclatèrent en larmes et en sanglots.
Mais nos pleurs, ô mon Dieu, n'accusaient ni votre
providence, ni votre amour. La séparation de cette
enfant nous brisait. Et vous savez bien cependant,
ô vous, qui sondez les reins et les cœurs, vous savez
que nous avions une joie sainte de vous la rendre !
Que l'on prie bien en de pareils moments ! Avec
quelle ardeur, avec quelle foi pleine d'espérance
nous demandions à Dieu, puisqu'il ne voulait point
nous laisser Valentine, d'abréger ses douleurs, d'augmenter notre résignation ; et, pour elle et pour nous,
où abondait l'épreuve, de faire surabonder la grâce
et le secours !

Après le viatique, elle reçut l'extrême-onction,
les mains jointes, la figure calme et les yeux fermés.
Elle suivait les prières et présentait ses membres
avec un pieux empressement. On eût dit qu'un
charme divin avait suspendu ses violentes douleurs.
La joie débordait même à flots de son cœur et la
remplissait d'une force admirable. On le vit bien,
quand la cérémonie fut achevée. Son père, sa mère
et sa sœur se tenaient près du lit. Tout à coup elle
prend leurs mains, les serre entre les siennes, et avec
un accent, un regard dont l'émotion remuait toute
l'âme jusque dans ses plus intimes profondeurs :
« Voyez comme nous sommes unis ! disait-elle au

Prêtre. Voyez comme nous nous aimons ! » Elle consolait tous les gémissements, dont les bruits étouffés parvenaient à ses oreilles : « Ne pleurez pas ! Si vous saviez comme je suis heureuse ! Je n'ai jamais eu tant de bonheur. Oh ! oui, je suis bien heureuse ! Je ne désire plus rien. Je suis toute soumise à Dieu. » Quelle énergie ! Quelle tendresse ! Nous tentions de sourire à son bonheur ; mais nos sourires étaient toujours trempés de bien des larmes.

Comme on préparait en ville, pour l'heure de minuit, le brillant mariage d'une amie qui ne l'avait point abandonnée dans ses longs jours d'épreuves, elle parla de la fête, des ivresses du moment et des espérances de l'avenir, en des termes mêlés d'une affection profonde et d'un sublime détachement. Valentine planait bien haut entre le Ciel et la terre, déjà plus près des anges que des hommes. Mais on sentait que là, dans ces régions divines, si nos gloires et nos joies n'étaient plus pour elle que mensonges ou dangereux amusements, elle portait dans son cœur, toujours à la même place, le souvenir de ceux qu'elle avait aimés. Le lendemain, elle disait encore : « Pendant la nuit, j'ai bien prié pour mon amie. » Puis elle ajoutait : « Mais je ne voudrais pour rien au monde échanger mon sort contre le sien. » N'avait-elle pas raison ? Et le vent propice qui la menait au port, loin des orages et des fatigues, ne valait-il pas mille fois plus que les souffles inconstants de nos prospérités humaines ?

Ès lors, Valentine n'abaisse plus sa pensée vers la terre qu'à de rares intervalles. Elle s'enferme dans une solitude presque inviolable. D'ailleurs sa faiblesse l'empêche de causer, de faire un mouvement, d'entendre un léger bruit. Aussi ne pouvait-on plus à peine que glisser dans sa chambre, la regarder, lui sourire, l'embrasser. Mais elle recevait le Prêtre tous les jours. « Parlez-moi du bon Dieu, disait-elle ; il n'y a plus que cela qui me soutienne. » Alors le Père s'appliquait à dilater son cœur, à l'emplir toujours davantage de confiance, de paix et d'amour ; il lui adressait quelques mots sur l'abandon à Notre Seigneur, sur le privilège et la joie de souffrir. Valentine les buvait avidement. Son teint reprenait des couleurs, et une douce allégresse rayonnait dans ses grands yeux, déjà cerclés de noir, mais toujours si beaux et si vivants. A la fin de l'entretien, le Prêtre ajoutait : « Valentine, vous voulez bien, n'est-ce pas, tout ce que Dieu veut ? — Oh ! oui, Père. — Et comme il le veut ? — Oui, oui,

tout..... comme il le veut ! » Et à mesure que le
Prêtre s'éloignait : « Au moins, disait-elle d'un air
suppliant, vous reviendrez, demain. Vous savez que
j'ai besoin du prêtre. Et vos visites me font tant de
bien ! »

Cependant les coups de la mort se ralentissaient,
et parfois la victime découragée n'osait plus compter
sur l'achèvement prochain du sacrifice. « Mais enfin,
demandait-elle, suis-je sûre de mourir ? Assurez-moi
donc que je ne guérirai pas... Est-ce bien certain ?
Toutefois, murmurait-elle après une pause, je ne
devrais pas ainsi perdre patience. Nous sommes
encore loin du grand jour ! » En effet le P. Lazare
lui avait prédit qu'elle ne s'en irait pas avant le mois
de mai. Et son amour nous conjurait de ne point la
retenir au-delà par nos prières. « Je suis prête maintenant, vous me laisserez bien partir. »

Le samedi, 22 avril, dans la soirée, elle crut un moment que sa fin était venue. Elle désira communier
de suite. Comme l'imminence du danger ne permettait point de recourir aux Pères Carmes, on s'arrêta
au Collège du Sacré-Cœur. Un Père jésuite s'em-
pressa de répondre au vœu de Valentine. Sur le point
de recevoir la sainte hostie, elle prononça d'une voix
nette et pleine ces paroles que tous entendirent : « Je
ne veux que ce que Dieu veut, je veux tout ce qu'il
veut. Je ne demande ni ma guérison, ni la mort ; car
ce serait avoir une volonté, et je ne connais que celle
de Dieu. Devrais-je souffrir cent ans, je ne deman-

derais pas la fin de mes maux. J'accepte maintenant la souffrance pour la conversion des pécheurs. Je ne vis plus que de la vie de l'esprit. Quand on vit avec Dieu, on se moque du monde. » Elle était comme perdue en Notre Seigneur. Le Religieux, qui la voyait pour la première fois, ne pouvait retenir son admiration, et déclarait ensuite que, dans sa carrière déjà longue, il n'avait rencontré nulle part une âme plus délicate et plus élevée.

Peu d'instants après, Valentine disait : « Ma Sœur, qu'il me serait doux d'arriver au Ciel entre la Sainte-Vierge dont c'est maintenant le jour, et saint Joseph dont c'est demain la fête ! » Dieu ne la voulut pas encore ; et, le lendemain, fête du Patronage, elle faisait ce touchant aveu : « Je crois que saint Joseph m'a obtenu une grande grâce. J'ai eu le courage de dire au bon Dieu que j'acceptais bien de souffrir et d'attendre jusqu'au mois de mai. Je ne me suis pas senti la force d'aller plus loin, et je n'ai pas voulu mentir à Dieu. »

La semaine s'écoula toute dans un fiévreux épuisement. Sa vie ne tenait à la terre que par un fil, mais le fil ne se brisait pas. Et Valentine continuait à prier, à souffrir, à espérer. « Seriez-vous toujours bien contente de mourir ? » lui demande un Prêtre. « Non, pas contente, réplique-t-elle, mais ravie ! » C'est pendant une de ces journées douloureuses qu'elle reçut encore du Ciel une insigne faveur. Le monde ne mérite point de la connaître, et la jeune fille a emporté dans la tombe son mystérieux secret. Mais à l'annonce du bienfait que lui accordait la Providence : « O mon Dieu, s'écria-t-elle, que vous êtes toujours bon !... Que je suis heureuse !... Qu'aurais-je maintenant à regretter ?... Je m'en vais contente... oui, bien contente ! » Et ses lèvres s'agitaient pour un cantique de reconnaissance et d'amour, dont les paroles n'arrivaient point jusqu'à nous.

Le dimanche, le P. Lazare vint la voir encore. Ses paroles avaient grande peine à sortir. « Mon Père, soupira-t-elle, vous seul jusqu'à présent ne vous êtes pas trompé. Vous m'avez toujours dit que je ne mourrai pas avant le mois de mai. Votre prédiction s'est accomplie, c'est demain le premier. Dites-moi quand je mourrai. — Moi, mon enfant, je n'en sais rien. Je me souviens, il est vrai, qu'au mois de mars et ensuite pour la fête du Patronage, lorsque vous adressiez tant de prières à saint Joseph pour obtenir la mort, je me souviens que je vous demandai si vous n'aimeriez pas autant être introduite au Ciel par la Sainte-Vierge que par saint Joseph. En cela je vous exprimais seulement ma pensée ; mais je n'ai fait aucune prédiction. — Si, si, mon Père. Oh ! je n'en puis plus. Je vous en prie, dites-moi quand je mourrai. Vous le savez. Sera-ce cette nuit, demain ou après-demain ? — Mais je vous assure, mon enfant, que je n'en sais rien. Le bon Dieu seul le sait, parce que lui seul est maître de la vie et de la mort. Je vous trouve bien plus fatiguée ;

mais je ne puis vous dire le jour de votre mort. Dieu
seul le connaît. Vous avez été jusqu'à présent si coura-
geuse ! Ne vous laissez pas ébranler maintenant.
Acceptez dans toute son étendue sa volonté sainte.
S'il veut que vous mouriez demain, après-demain ou
plus tard, c'est son affaire. Vous, abandonnez-vous
avec confiance à tout ce qu'il voudra. — Je le veux
bien, mon Père. Mais je n'en puis plus, je souffre
tant ! — Acceptez généreusement de souffrir pour
l'Eglise, pour la France. Vous rendrez ainsi gloire à
Dieu, et vous pourrez éviter le purgatoire, où les
souffrances sont bien plus grandes. — Oh ! j'accepte ! » A ce moment, Valentine eut une forte crise,
et la croix se fit plus dure à ses pauvres membres amai-
gris. La douleur passée, elle ajouta d'une voix presque éteinte : « Mon Père, je n'en puis plus ! Oh !
dites-moi sincèrement votre pensée : quand mourrai-
je ? — Mon enfant, je l'ignore. Le bon Dieu seul le
sait. — Au moins, continua-t-elle en jetant sur le
visage du Père un regard scrutateur, au moins je
n'arriverai pas jusqu'au 15 ? — Sûrement non, répondit le Père. Et puisque vous désirez connaître toute
ma pensée, apprenez que, selon moi, vous ne vivrez
plus le 15. » Elle poussa un long soupir et dit : « O
mon Père, merci ! merci ! Que vous êtes aimable ! »
L'humble Religieux s'éloignait bientôt, le cœur atten-
dri et l'âme pleine d'admiration.

Malgré de mortelles douleurs, la journée s'acheva
dans une paix immense. Que pouvait à présent dési-

rer Valentine ? Une fois encore elle avait reçu, le
soir même, Notre Seigneur en viatique ; et, un peu
avant l'arrivée du bon Maître, on était venu lui porter la bénédiction du Souverain-Pontife. Emue de
surprise et de joie, elle voulut connaître le sens et
tout le prix d'une pareille faveur. Elle écoutait ravie.
A la nouvelle que cette grâce lui valait une autre indulgence plénière, ses yeux se mouillèrent de douces
larmes ; un bonheur tout divin illumina son visage et
lui mit aux lèvres un sourire du Paradis, dans la bouche des paroles où l'étonnement de l'humilité formait
avec la reconnaissance et l'amour un délicieux mélange, une touchante harmonie pour nos oreilles et
notre cœur. « Oh ! murmura-t-elle à plusieurs reprises, je suis une gâtée de la Providence. » La terre
n'avait plus rien à lui donner. Le Ciel devait-il
encore tarder longtemps à s'ouvrir ? Dieu consenti-
rait-il enfin à la guérir de la vie ?

VALENTINE, au matin du premier mai, n'inspirait point de plus vives alarmes ; nulle agitation n'avait troublé la nuit, et nous étions loin de croire que tout serait fini pour elle avant le milieu du jour. A huit heures, elle appelait Eugénie. « C'est aujourd'hui l'anniversaire de ta première communion, lui dit-elle, et, après-demain, celui de ta naissance. Tu vois que je ne l'ai pas oublié. Voilà mon présent. » Elle lui tendait un riche parapluie, à pomme d'or. « Je l'ai voulu noir, continua-t-elle ; ainsi tu pourras t'en servir tout de suite. » A ces mots, Mme Fabrège n'eut pas la force de comprimer ses larmes. « Votre mère pleure, observa la Religieuse, parce que M. Besson est plus malade. — Que dites-vous ? répliqua Valentine. Il est plus heureux que nous. C'est un bienheureux. Je le vois dans la gloire. » On avait cependant pris soin de lui cacher que M. Besson, ami et directeur de la famille, était mort depuis la veille.

Quelques instants après, une crise violente se

déchaîne tout à coup. On a vite le pressentiment que
cette attaque sera la dernière ; et, fidèle à son désir
tant de fois exprimé, on se hâte de courir vers le Prêtre. Il ne fallait point songer au P. Lazare ; une néces-
sité cruelle l'avait obligé de quitter la ville et son enfant
expirante. Un Père jésuite tint sa place. Depuis deux
jours, elle avait bien changé. Mais, soit que la crise
fût finie, soit que la joie de revoir le Prêtre eût fait
sur elle une heureuse impression, elle alla bientôt
mieux et retrouva tout son calme. Le Prêtre la bénit
avec tendresse, lui adressa quelques mots de foi et
d'espérance, et s'établit à son chevet.

On ne pouvait plus se méprendre ; Valentine achevait de lutter contre une vie qui l'empêchait de voler
et de s'unir à Dieu, et par sa vigueur le combat
promettait d'être court. Cette voix, presque toujours
au silence depuis trois semaines, avait déjà repris son
timbre harmonieux et ne cessait plus de discourir ;
sur ses lèvres desséchées, bleuies, s'épanouissait un
angélique sourire ; dans ses yeux éteints brûlaient
maintenant des flammes ardentes ; ses joues pâles et
amaigries se coloraient d'un vif incarnat. Plus de
doute ; le moment suprême était arrivé. Sur le point
de disparaître à nos yeux dans la gloire et le bonheur
du Paradis, l'âme de Valentine projetait un superbe
éclat, comme, au soir de nos belles journées, le
soleil amasse dans un dernier rayon tous ses feux et
toutes ses splendeurs.

Pendant près de trois heures, que n'avons-nous pas

vu et entendu ? Maintenant qu'elle approchait de la fin, l'exaltation de la victoire remplaçait chez elle le tranquille courage de ses luttes précédentes ; elle entrait dans la joie, dans les ivresses du triomphe. Ce visage, transfiguré par les premières atteintes d'une lumière qui venait du Ciel, ces paroles tombées de l'abondance d'un cœur qui se sentait déjà tout plein de Dieu, ne sortiront jamais de notre mémoire. Ce n'était plus la beauté humaine, mais une beauté surnaturelle qui la faisait ressembler à nos madones des peintures byzantines, ou à ces vignettes dont le Moyen-Age se plaisait à décorer les missels. C'était, enfin, le plus sublime spectacle que puisse présenter la terre.

Valentine serrait entre ses mains le crucifix sur lequel son grand-père avait expiré, elle l'embrassait avec effusion. Soudain elle s'arrète, l'enveloppe d'un tendre regard et lui dit lentement : « O mon Jésus, que vous avez été bon pour moi ! — Que de gâteries ! » lui murmure la Sœur. « Oh ! oui, répète Valentine, que de gâteries ! » Puis elle continue : « Pardon, Seigneur, pardon ! J'ai commis bien des actions indignes, oui, beaucoup. Mais je serai sauvée tout de même. Je ne le dois pas à mes mérites ; je ne suis qu'une grande pécheresse. Mais vous m'avez bien aimée, ô Jésus ! C'est à votre grâce toute seule que je devrai mon salut. » En parlant ainsi, elle promenait ses lèvres si pures sur les plaies de Notre Seigneur. Ce crucifix, déjà précieux, a maintenant pour les siens une valeur inestimable. Aux heures de chagrin, ils recueilleront de lui les impressions de foi, de constance et de sérénité que Valentine y a laissées avec le dernier soupir.

Tout en s'élançant vers le Ciel, son cœur restait ouvert à ceux qu'elle avait aimés ; elle pensait à soulager leur peine par des consolations affectueuses : « Que je vous aime ! » leur disait-elle souvent. Et encore : « Papa, Maman, aimez-vous bien toujours ; continuez à occuper noblement votre existence. Eugénie, toi qui as le cœur généreux, conserve-toi à nos parents. Prie bien pour moi et pour grand-père, dont c'est aujourd'hui la fête ; ne sacrifie plus ton piano, comme tu le fais depuis si longtemps à cause de moi. »

Tous fondaient en larmes autour d'elle, et sa tendresse nous conjurait de ne point nous lamenter ainsi : « Pourquoi pleurez-vous ? Non, vous ne devriez pas pleurer. » Mais peu à peu son visage s'anime, sa voix devient plus ferme et son regard plus grave ; il y avait dans tout son extérieur comme un air de suprême domination. Elle prend alors les mains de son père, de sa mère et d'Eugénie, et, avec une lenteur qui ajoutait encore à la solennité du ton : « Je vous recommande, dit-elle, de rester toujours unis. Aimez-vous bien. Oh ! que je vous aime ! » Et, les pressant sur son cœur, elle les embrassait tous trois. « Tu prieras bien pour nous ? » lui demandaient-ils ensemble. « Oh ! oui, beaucoup… toujours ! » Puis elle se tourne vers la femme de chambre, qui lui a prodigué toutes les marques d'un sincère dévouement : « Joséphine, dit-elle, je vous remercie de vos soins, de tout ce que vous avez fait pour moi. Ne vous plaignez pas de votre sort. Si vous travaillez et si vous souffrez plus que les autres, vous aurez au Ciel une meilleure place. Vous trouverez la vie pénible, parce que vous êtes pauvre. Mais rappelez-vous qu'il y a aussi les peines des riches, peines intérieures, peines de cœur. Les pauvres ne les connaissent pas. Vous, soyez contente de votre position. N'oubliez pas qu'il y a le même Dieu pour tous, et que nous sommes tous également appelés au Ciel. Je vous recommande mes parents. Vous resterez auprès d'eux, ils ne seront pas ingrats. » Et Joséphine répondait, au milieu de sanglots qui lui coupaient la voix et lui déchiraient la poitrine : « Oui, Mademoiselle, je resterai près d'eux, je vous le promets. Soyez tranquille. » Valentine s'adresse ensuite au cocher : « Vous, Johanny, je vous connais peu, mais on m'a dit que vous étiez un brave garçon ; j'en suis contente. Vous resterez bon toujours ; vous vous attacherez à mes parents. » Et d'une voix que les pleurs étouffaient : « Oui, répondit à son tour le jeune homme, Mademoiselle peut compter sur moi. »

Nous étions là, silencieux, autour d'elle, occupés à recueillir les suprêmes enseignements de sa vertu et à graver en traits immortels, dans notre souvenir, sa triomphante image, lorsque soudain elle arrête les yeux sur nous. Dans son regard brillait un désir que nous eûmes vite compris, et, tous ensemble, d'un même mouvement, nous tombions à genoux près de son lit. Aussitôt Valentine élevait des deux mains, au-dessus de nos têtes, le grand crucifix, et le promenait en signe de croix pour nous bénir. Nous pleurions tous. Mais le Dieu qui frémit et pleura, lui aussi, devant le tombeau de Lazare, nous est témoin que nos larmes n'avaient rien d'amer, et même que nos yeux n'en avaient point jusque-là répandu de plus douces.

Sur ces entrefaites entrent Mme Léon Marès et Mme Joseph Sicard, que Valentine avait permis de recevoir. Elles s'agenouillent à l'entrée de la chambre et n'osent plus avancer ; mais on leur fait signe de venir au moins à portée de son regard. En les voyant elle sourit : « Madame Marès ! dit-elle. Je l'aime bien. » Et après une légère pause : « Madame Sicard, je vous aime bien aussi. Elevez vos enfants avec douceur et fermeté. »

Mais ses émotions et ses paroles précipitaient l'ouvrage de la mort, et la faiblesse augmentait toujours d'une manière effrayante. Par moments Valentine tombait dans une lourde somnolence, qui nous paraissait le signe avant-coureur du dernier sommeil. Pour la ranimer, nous n'avions qu'à lui murmurer doucement ces trois noms, si chers à sa piété : « Jésus, Marie, Joseph..... » Et, de suite, elle achevait la prière : « Je vous donne mon cœur, mon esprit et ma vie. » Nous lui disions encore : « Doux cœur de

Jésus.... Doux cœur de Marie... Jésus, doux et humble de cœur...» et ses lèvres complétaient l'invocation.

A plusieurs reprises, on lui parla du P. Lazare, qui regretterait de n'être point venu pour les derniers secours et les derniers adieux. Il n'en fallait pas davantage. « Oh! s'écriait-elle, le P. Lazare! » Et la voix, le regard, tout en elle révélait un prodigieux ensemble de vénération, de reconnaissance et d'attachement. Mais devant l'autorité du Prêtre ses paroles n'allaient jamais plus loin. Elle a conservé jusqu'au bout son esprit de mesure, sa belle discrétion, et nous a laissé ainsi le souvenir d'une âme qui n'a pas cessé un moment de se posséder dans la sagesse chrétienne.

Il n'est point rare qu'elle arrête les yeux sur son père, sur sa mère et sur Eugénie. Alors elle avance la tête, et par un délicieux mouvement des lèvres appelle encore une caresse. « Oh! je vous aime bien tous trois! » Puis elle leur jette les bras autour du cou.

Une fois elle nous tendit la main. « Adieu! nous disait-elle. Et au revoir! Ce n'est qu'un voyage. Nous nous retrouverons là-haut dans le Ciel. Ce ne sera pas long. » Elle avait la joie d'un ange qui s'en revient; et nous défilions devant elle, nous lui serrions cette chère main, naguère toujours brûlante des ardeurs de la fièvre, et maintenant déjà glacée par le froid de la mort.

On lui avait offert de rester seule avec le Prêtre.
« Mais, répondit-elle, je ne lui dirai rien. » Cependant tout le monde était sorti de la chambre.
« Avez-vous des souvenirs qui vous inquiètent ? —
Non, Père, aucun. — Sentez-vous au moins un vif
regret de vos fautes ? — Oh ! oui, je les déplore de
tout mon cœur. J'en ai tant commis ! — Renouvelez
votre acte de contrition. » Et, pendant que la misé-
ricorde de Dieu lui pardonnait encore les imperfections de sa vie, elle montrait tous les signes d'un
fervent repentir.

Valentine n'avait plus d'autres soucis que la durée
de l'épreuve et les retards de la mort. « En ai-je
encore pour longtemps? » demanda-t-elle plusieurs fois.
Et le Père lui répondait toujours : « Vous nous avez
trompés si souvent que le plus sage est de vous
confier toute aux mains de la Providence. » Elle
avait obéi. « Je n'ai donc pas encore assez souffert,
murmurait-elle tout bas, puisque Dieu me fait
attendre ainsi l'entrée du Ciel. » Mais, à sa grande
joie, le mal faisait de rapides progrès. Elle interroge
encore : « Sera-ce bientôt fini? — Maintenant soyez
heureuse, lui dit le Prêtre. Je crois que Notre
Seigneur est déjà au milieu de nous. Encore un peu
de patience, et il vous emmènera. — Merci, merci
pour tant de bonheur que vous me donnez ! — Faites-
vous bien le sacrifice de votre vie ? — Oui, oui, de
tout mon cœur. Le sacrifice est si petit ! C'est si
peu de chose, la vie ! » Et ses lèvres continuaient

doucement : « Je vous offre ce sacrifice, ô mon Dieu, pour reconnaître votre souverain domaine sur moi et sur toutes les créatures. Je vous l'offre pour l'expiation de mes péchés, et en action de grâces de tous les bienfaits dont vous m'avez comblée. »

Afin de distraire au moins un peu et de charmer les ennuis de sa longue attente, on présentait à Valentine les images de Marie et de Joseph. A cette vue, une suave allégresse la ranimait. Mais il était facile de voir que saint Joseph avait encore toutes ses prédilections . « O grand Saint, lui dit-elle dans un magnifique élan du cœur, ô vous que j'ai toujours aimé plus que tout au monde, après le bon Dieu ! » Mais sa dévotion ne l'empêcha point de rester simple, vraie et de refuser à son cher protecteur une gloire qu'il ne méritait pas encore. Valentine avait depuis longtemps une horrible frayeur d'être enfermée vivante dans le cercueil, et rien n'avait pu vaincre en elle cette impression. Tout-à-coup la Sœur lui dit : « Mon enfant, déclarez au Père, devant moi, que vous n'avez plus une semblable peur, et que vous devez cette grâce à saint Joseph. Le Père s'en ira le publiant partout, à la gloire de notre Saint. » Valentine fit d'abord semblant de ne pas entendre. La Sœur lui adressa de nouveau les mêmes paroles. Alors la pauvre enfant nous regarda, et avec la candeur, avec le sourire qui nous avaient tant de fois charmés, elle laissa tomber ces mots : « Je ne peux pas le dire, ce n'est pas vrai. » Mais les feux du jour céleste qui commençaient à paraître, devaient bientôt chasser tous les nuages et ne verser plus dans cette âme qu'une lumière sans ombres. Quelques minutes avant de rendre le dernier soupir, Valentine sortit soudain de son abattement, et se mit à dire d'une voix mâle et forte qui nous étonna tous : « Oh ! maintenant, que je suis heureuse ! je ne crains plus rien ! non....non... plus rien ! »

On pouvait l'en croire ; car ses lèvres avaient encore le culte de la vérité, au point qu'elles demeuraient maîtresses de leurs moindres paroles, même contre les surprises de la douleur et les saisissements de la mort. Valentine n'avait plus qu'un léger souffle et appuyait sur la Sœur sa tête appesantie, quand on eut l'idée de murmurer à son oreille : « Qu'elle est belle, la Sainte-Vierge ! Elle vient vous chercher. » Aussitôt l'enfant se redresse, ouvre les yeux, cherche partout du regard. Surprise, déçue, mais toujours le sourire aux lèvres, ce charmant sourire souffreteux : « Où est-elle donc, la Sainte-Vierge ? Je ne l'aperçois pas. » Et simple, tranquille, elle se remet en prière, elle rentre dans le cœur de son Dieu qu'elle a choisi pour refuge. Ainsi nous la voyions mûrir pour le Ciel, comme on voit sur la terre, dans les jardins, de belles fleurs prêtes à s'épanouir.

Valentine parlait encore et poussait quelquefois de saintes exclamations; mais elles ne sortaient qu'avec peine de sa poitrine oppressée. Une puissance invisible avait déjà fermé doucement ses yeux à la lumière d'ici-bas, et nous jugions que la mort les ouvrirait bientôt à des clartés meilleures. Son visage annonçait que la suprême défaillance ne pouvait plus être loin ; sa main n'avait de force que pour chercher la croix et l'appliquer sur ses lèvres. Son père, sa mère et sa sœur avaient beau la serrer par d'étroits embrassements, elle leur échappait au milieu de si tendres caresses. Sa pauvre mère surtout était folle de douleur. La voir souffrir, s'éteindre, et rester là près d'elle, impuissante, quel martyre ! « Si nous lui faisions une piqûre d'éther ! » s'écria-t-elle à bout de ressources. « Oh ! non, soupira Valentine, ne faites plus rien... Cependant faites ce que vous voudrez. » A une nouvelle tentative, elle dit encore : « Laissez-moi donc partir... Ne retardez pas mon entrée au Ciel.. Mais pourtant faites toujours ce que vous voudrez. » Et sa voix, son regard avaient une inexprimable douceur. La mourante s'oubliait encore dans un généreux mouvement de piété filiale.

Point de convulsion, point d'agonie ; mais un assoupissement qui n'enlevait rien à la divine expression de son visage, et une respiration qui allait s'affaiblissant toujours. On récitait déjà les saintes prières des agonisants, et, pour naître à la vie du Ciel, Valentine paraissait ne plus attendre que ce dernier effort de l'Eglise. A peine finissaient-elles, qu'une toux opiniâtre menaçait de l'étouffer. Le Prêtre, agenouillé près du lit, se lève aussitôt, et prononce une fois encore les paroles de l'absolution. Il finissait à peine, lorsque Valentine baissa la tête comme dans un tranquille sommeil ; un dernier soupir agita ses lèvres. Et, longtemps après que les vierges du Paradis l'avaient reçue dans leur blanche légion, nos yeux et notre amour la cherchaient encore sur la terre, tant elle avait expiré dans la paix du Seigneur !

Venue au monde le 14 mars 1870, Valentine avait à peine accompli sa vingt-troisième année.

LA GLOIRE

Douce et modeste, Valentine avait toujours désiré l'ombre et le silence. Son dernier soupir
la précipita dans la gloire ; et Dieu, qui l'avait
toujours défendue avec une paternelle sollicitude
contre les hommages d'ici-bas, leur laissera maintenant un libre cours. Entrée dans la joie du Seigneur,
elle n'a plus rien à craindre de leur pernicieux
appât, de leur fumée qui fait souvent tourner les
meilleures têtes.

La mort lui rendit les premiers honneurs. Devant sa
couche funèbre, n'éprouvait-on pas un sentiment d'allégresse et d'admiration ? Elle avait une robe de
mousseline blanche, avec la ceinture et le voile de
première communion. Les mains, jointes comme
pour la prière, serraient encore le chapelet et le
crucifix du grand jour. A son cou pendait une chaîne
d'or, qui retenait ensemble deux médailles de la
Sainte-Vierge et de saint Joseph, avec une croix. Elle-
même avait désigné cette parure. Une amie lui avait

ceint le front d'une couronne de roses, et des fleurs blanches reposaient sur son cœur.

Elle était là, toujours à la même place, dans cette chambre où tant de fois elle nous avait accueillis. L'encadrement n'avait point varié. A la muraille, près du lit, demeuraient encore attachées toutes ses reliques, une croix, les portraits de son grand-père et de M. Dubrueil. Devant elle, sur la cheminée, la *Fuite en Egypte* de Bouguereau. A gauche, la commode qui servait d'autel, et, dessus, une Vierge en argent, Notre-Dame de Lourdes. Puis les statues de saint Joseph et du Sacré-Cœur. Ces ornements avaient peu d'apparence ; mais nous les entourions déjà, dans notre pensée, d'un culte religieux. Témoins de la divine sublimité de sa mort, ils recevaient d'elle comme une dignité sainte que nous ne leur avions jamais connue.

Le sourire, le regard et la voix de la jeune fille ne leur donnaient plus ce charme lumineux qui était le rayonnement de sa vie. Mais aux visiteurs, désireux de la contempler, elle présentait le plus séduisant tableau. Sa beauté, longtemps altérée par la souffrance, avait reparu avec toute sa fraîcheur et tout son éclat. C'était à croire que la mort n'osait pas humilier ce cadavre ; que, prise d'épouvante, elle travaillait à lui composer un vêtement de grâce et de majesté. Valentine était délicieuse à voir dans les fêtes du monde ; plus encore dans l'intimité d'une causerie. Depuis son dernier soupir, de nouveaux agréments lui étaient venus. Avec cette placidité du trépas dont l'empire est si profond et si pur, se peignait sur ses joues pâles une expression de foi satisfaite, de tranquille repos, de joies ineffables, qui excitaient un merveilleux étonnement. Non, sous les yeux nous n'avions pas une morte, mais une fiancée, partie avec son âme pour célébrer, dans un monde supérieur, des noces que la terre ne connaît pas. Et des régions où commençait la fête, il tombait sur ce visage une pluie de rayons divins qui le transfiguraient dans la gloire et la beauté. Aussi aimions-nous à nous rendre vers ces restes bénis, à nous agenouiller devant eux dans une muette contemplation. Nous avons passé là des moments du Paradis ; nous respirions avec une sorte d'ivresse l'air qui les enveloppait, nous mettions une sainte avidité à boire tous les parfums de vie qui s'épandaient autour.

DANS cette apothéose de Valentine, l'amitié ne le céda point à la mort. De toute part, des couronnes et des bouquets, près de cent, furent envoyés à la chère dépouille. La religion n'estime guère ce luxe prodigue, où la vanité et le calcul ont souvent plus de part que la piété. Cependant elle couvre de fleurs les reliques de ses vierges et de ses martyrs : à ce double titre, Valentine méritait bien de pareils honneurs.

Les témoignages ne s'arrêtèrent point là. Près de sa couche, nous en avons reçu d'autres qui la célébraient avec une éloquence émue. « Je ne comprends rien à cette mort ! répétait souvent un médecin. Elle renverse toutes mes idées... Mourir ainsi, à cet âge, ce n'est pas naturel. » Et le tremblement de la voix, les agitations du visage et du regard, indiquaient le trouble d'une âme, que de mystérieux appels, peut-être ceux de Valentine, poussaient vers la religion. « Cette mort, observait encore un conseiller à la Cour, est la plus magnifique démonstration de notre foi. » Le vieillard, que nous avons déjà trouvé près de Valentine, disait aussi avec une mélancolique tristesse, où il entrait sans doute beaucoup de regrets et d'amertume : « Notre religion ne croit pas à l'existence des anges ; mais cette vie et cette mort me contraignent de l'admettre. »

Les feuilles de la cité, celles qui gardent encore le noble souci du bien et du beau, voulurent même porter à la foule un écho de nos ravissements et de notre deuil. Le 2 mai, un ami écrivait dans l'*Eclair :* « Après trois ans de souffrances qui ont révélé sa foi sublime et son admirable résignation, Mᵐᵉ Valentine Fabrège vient de rendre à Dieu sa belle âme, dont les reflets célestes, durant sa longue épreuve, firent l'admiration de son entourage.

» Nul ne pouvait approcher cette jeune fille sans être pénétré par un sentiment profond d'édification et de respect. Aucun de ceux qui l'ont soignée ou consolée n'a pu échapper à l'émotion poignante, que commandaient cette angélique douceur et cette patience héroïque, fruits du sacrifice qu'elle avait offert à Dieu.

» Elle est morte dans tout l'éclat de sa radieuse jeunesse, au début de ce mois où la terre se couvre de fleurs, comme pour fêter la Vierge Marie, dont la pauvre enfant avait si pieusement sollicité l'intercession pour le moment suprème.

» Tout est fini ! Que dire à la plus tendre des

mères, au plus parfait des pères, à la plus éprouvée des sœurs ?

» Si les consolations de ce monde pouvaient adoucir semblable douleur, nous offririons aux parents désolés l'hommage de la vive et sincère sympathie de tous leurs amis, c'est-à-dire de tous ceux qui les connaissent.

» Les desseins de la Providence sont impénétrables. Il a plu à Dieu de rappeler à lui une jeune fille, à qui semblait sourire le plus brillant avenir. Dieu, qui l'a reçue, soutiendra ceux auxquels il l'a reprise et qu'il a si durement frappés. »

Nous devions lire bientôt dans la *Croix Méridionale :* « Tout ce qu'a eu de déchirant pour sa famille la mort de Mlle Valentine Fabrège, nous le comprenons sans peine, et nous compatissons bien vivement à cette douleur.

» Mais la sainteté de cette mort a fait aussi de ce deuil cruel un sujet de consolation et de publique édification.

» Après le concert d'admiration qui s'est spontanément élevé autour de ce cercueil, après avoir appris comment a vécu, comment a souffert, comment a expiré cette jeune fille, comment enfin tous ceux qui l'ont connue la pleurent et l'honorent, nous pouvons dire sans exagération que Valentine Fabrège appartient désormais à l'histoire religieuse de notre cité.

» On se redit déjà dans le peuple chrétien avec quelle résignation elle supporta ses trois années de

souffrances, avec quelle humilité et quel généreux
abandon elle se soumit à la volonté de Dieu, avec
quelle tranquillité elle dicta elle-même les préparatifs
de ses funérailles, l'inexprimable tendresse qu'elle
mit dans ses adieux à ses parents et aux domestiques
de sa famille, par-dessus tout la sérénité d'âme et de
visage avec laquelle elle accueillit la mort et fit librement le sacrifice de sa vie.

» Nous aurions voulu que tous les impies de notre
ville fussent témoins de cette radieuse agonie, qui
s'illuminait déjà des clartés de l'éternelle aurore. Ils
auraient vu comment la religion qu'ils insultent
apprend à mourir.

» De fait, la mort de Mlle Fabrège a bien été une
mort angélique. Depuis longtemps désabusée des
vanités de la terre, dégoûtée du monde dont le souffle
flétrit tant de fleurs charmantes, vivant pour Dieu,
offrant pour les pécheurs ses souffrances, on com-
prend qu'elle n'ait voulu d'autre suaire que le voile
blanc de sa première communion.

» Sa mort a été le paisible et glorieux départ d'une
âme pure, le départ d'un ange, ravi, d'un vol, jusqu'à
Dieu. »

Loin des yeux et dans l'intimité, les sympathies
ont des allures plus libres, un air moins contenu ;
leurs tendres admirations finissent presque toujours
par de violents regrets. Elles versent des larmes et
poussent des sanglots, à faire croire que nulle jeune
fille n'inspira jamais autant d'affection. Aux premiers

bruits de mort, une amie, qui se trouvait dans les naissantes délices du plus grand bonheur humain, traduit son affliction par ces mots d'un amer laconisme : « Dites à Eugénie que je pleure Valentine comme une sœur, et que nous sommes bien malheureuses toutes les deux. » Mais la douleur se présente à nous, soutenue, embellie par la foi et l'espérance ; du fond de leurs gémissements les âmes prennent toujours vers le Ciel de sublimes envolées. Alors Valentine est un ange, une sainte, une vierge, une martyre, une protectrice, un tabernacle de toutes les vertus, une perle précieuse inestimable ; elles lui prodiguent tous les noms chers à la piété.

Nous regrettons que ces pages ne soient pas connues. Il en sortirait pour sa mémoire un monument glorieux. Venues à la même heure de tous les points de la ville et du pays, elles se distinguent par une merveilleuse unité de jugements et d'impressions. Détachons-en au moins quelques passages. Ils mettront en lumière que nous avons pratiqué sans cesse un extrême souci de la vérité ; et ils seront à tous une preuve que la religion garde encore, au fond de bien des cœurs, un asile imprenable.

« La terre n'était pas digne de posséder un trésor pareil, sa place était marquée parmi les anges des cieux, auxquels elle est allée se joindre pour célébrer le mois de Marie...

« N'est-ce pas un *Magnificat* que l'on devrait chanter devant la fin admirable, céleste, de l'ange que Dieu vous a repris ? Pleurons-la, mais envions sa destinée...

« Vous aviez eu le mérite de former un ange ; vous avez dû la donner au Ciel. Mais, bien que vous l'ayez peu montrée à la terre, elle nous a présenté, comme un exemple précieux, l'union des vertus les plus méritoires avec les charmes les plus séduisants...

« Comme la Sainte-Vierge aura reçu avec amour, au commencement de son beau mois, cette fleur, bien plus riche et bien plus pure que toutes celles dont sera paré son autel !..

« La souffrance avait angélisé de plus en plus la ravissante nature de votre chère Valentine, et vous ne pouvez certainement la chercher que dans le virginal parterre de Marie Immaculée...

« Nous est-il permis de regretter cette pauvre Valentine, quand nous sommes assurés que ses souffrances sont terminées, qu'elle est au Ciel, et qu'elle veille, comme un bon ange, sur tous ceux qu'elle a aimés ? Au lieu de prier pour elle, on doit l'invoquer comme une vraie sainte...

« Vous me laisserez invoquer avec vous cet ange, trop beau pour la terre, et que Dieu a voulu pour lui seul...

« Cette âme, si pure et si parfaite, a pris place parmi celles que l'on vénère et que l'on prie...

« Faut-il prier pour cette âme si pure, si candide et si douce ? Je ne le crois pas. Il vaut mieux que nous nous adressions à elle...

« Votre ange s'est envolé vers les cieux. La Vierge
Marie, qu'elle a tant aimée et invoquée, est venue,
en ce premier jour de son beau mois, la prendre sur
son lit de douleur ; elle l'a placée tout près d'elle,
pour l'enivrer des joies du Paradis. Ne voyez-vous
pas la physionomie, si douce et si gracieuse, de
votre bien-aimée Valentine vous sourire, et, toute
rayonnante des joies célestes, vous reprocher vos
larmes en vous disant : Vous pleurez mon bonheur ?
Votre enfant est une sainte ; soyez-en fiers. Je ne
peux prier pour elle. Je ne sais que l'invoquer au
milieu de mes larmes...

« Que vous êtes à plaindre ! Mais qu'elle est
heureuse ! Et combien cette pensée doit, non pas
vous consoler, c'est impossible, mais vous soutenir !
Elle est au Ciel. Et je vous avoue que ma femme,
mes enfants et moi, la prions comme une sainte. Marie
a voulu l'avoir comme une fleur de choix, pour son
premier jour du mois. Ce martyre, cette mort sont
pour vous, pauvre père et pauvre mère, la plus grande
épreuve que pût vous réserver la vie ; mais c'est
aussi désormais la plus sainte bénédiction qui puisse
régner sur vous...

« Je sais quels trésors de grâce et de pureté le
Ciel vient de vous ravir. Je n'essaierai donc pas de
vous consoler. J'aime mieux m'associer aux élans de
votre foi, qui vous donne l'assurance que votre chère
martyre est désormais avec les anges, jouissant de
la seule béatitude digne d'elle. Vous trouverez dans

votre âme de chrétien la force de supporter cette cruelle épreuve. La foi donne à l'ouïe et à la vue une merveilleuse finesse. Elle vous permettra de voir votre chère enfant, transfigurée par la beauté céleste, et d'entendre sa voix, qui vous suppliera de bénir Dieu et d'espérer. Ces figures ne sont pas pour la terre. Dieu ne les laisse paraître au milieu de nous, que pour prouver aux hommes qu'il y a des anges au Ciel...

« Puisqu'il n'entrait pas dans les desseins de Dieu de guérir votre chère Valentine, la pauvre enfant ne pouvait toujours souffrir. Il fallait qu'elle reçût enfin la récompense due à sa foi sublime, à son angélique patience, à sa fervente piété et aux nombreux mérites de sa longue et cruelle maladie. Qu'il doit faire bon pour elle maintenant dans le Paradis ! Que de joies et de délices doivent inonder sa belle âme ! Voyez-la donc, au milieu des anges et des vierges, couronnée, portant à la main la palme de la victoire. Que de faveurs la chère prédestinée va vous obtenir ! »

Valentine était loin de songer que sa mort éveillerait de si ardentes sympathies, que tant de femmes s'arracheraient aux frivolités du monde, que tant d'hommes oublieraient un instant les disputes de l'école, l'entraînement de leurs affaires ou les combats de la politique, pour s'incliner ensemble devant sa mémoire, avec une pareille unanimité de louanges et de regrets.

OTRE Seigneur ne voulut point rester en arrière. Il tint à glorifier cette enfant qui, par sa longue et inaltérable patience, lui avait rendu un beau témoignage. Il le fit en Dieu ; et ses hommages, d'une touchante simplicité, dépassèrent de beaucoup, selon nos vues chrétiennes, tous ceux que le monde inventera jamais.

Il vint encore du Ciel dans cet humble appartement, déjà consacré bien des fois par son adorable présence. Les deux jours qui suivirent, le P. Lazare y célébra la messe. Quel spectacle de voir tout-à-coup, parmi cet appareil funèbre, un sanctuaire s'ouvrir pour le Dieu de toute résurrection et de toute vie ! Quel tableau dans cet autel qui touchait presque au lit, au cercueil où dormait Valentine ! La famille seule était là. Et, dans la tranquillité du matin, dans cette chambre mortuaire que la tremblante lueur de deux cierges éclairait à peine, nos souvenirs se portaient d'eux-mêmes vers les catacombes, où le pontife immolait ainsi l'Agneau sans tache devant les restes glorieux d'une vierge, d'une jeune martyre. Pendant le sacrifice, on entendait seulement quelques sanglots étouffés, le bruit des larmes sur les livres de prières, un silence auguste qui perçait le cœur d'émotions poignantes et suaves. De l'autel souvent nos regards descendaient à ce lit, à ce cercueil, pour y vénérer une autre victime bien pure et bien sainte, elle aussi, bien immaculée. L'âme serait en peine de dire où elle puisait les plus vives leçons de courage, de renoncement, de confiance et de charité ; tant, à cette heure, les deux sacrifices n'en formaient plus qu'un et se confondaient ensemble aux yeux de notre piété !

Mais que l'on se figure, au moment de la communion, ce pauvre père, qui, le premier jour, tenait la nappe d'une main, et de l'autre les mains de sa fille, comme pour déposer en ces membres inertes une semence nouvelle d'immortalité, comme pour y répandre un dernier souffle de ce Jésus qu'elle avait tant aimé. Le lendemain, il plaçait Valentine entre le prêtre et lui et recevait Notre Seigneur, les bras appuyés sur les blanches draperies du cercueil. En vérité, qui ne demeurerait confondu. même à distance, par l'émouvante grandeur d'une pareille scène ? Les âmes n'étaient plus de la terre. Elles volaient bien haut dans ces invisibles régions, où une halte rapide en apprend plus que tous les discours et tous les livres sur la transfiguration de la mort par Jésus-Christ. Chacun de nous à présent voyait de ses yeux, touchait en quelque sorte du doigt que la mort n'est point une fin, mais un commencement, un passage des ombres à la réalité, une naissance à la véritable vie ; qu'elle ne parvient point à dissoudre, même ici-bas, l'union des esprits et des cœurs ; que par elle nous retrouverons bientôt ceux que nous avons perdus. L'enthousiasme des saints devant la mort ne nous était plus un mystère, ni la tendresse des noms qu'ils lui donnent, noms d'amie, de sœur et d'épouse. La couche funèbre ressemblait à un lit de triomphe ; et, si nos yeux pleuraient encore, dans ces larmes il entrait moins de tristesse et d'abattement que de bonheur et de fierté.

Par ces hommages du temps nous devinons la récompense que Jésus décernait à Valentine dans l'éternité. L'humble enfant avait toujours craint qu'une complaisance aveugle s'empressât un peu trop de la mettre au Paradis. Pourtant, au risque de glisser dans l'écueil, n'avons-nous pas quelque droit d'avancer que tous ces divins honneurs de la terre offraient seulement une image de ses gloires immortelles ? Elle possédait enfin la vision promise aux cœurs purs ; elle était unie pour les siècles des siècles à son Fiancé ; elle marchait dans la phalange des âmes virginales qui, n'ayant connu parmi les hommes ni le mensonge, ni les plaisirs corrupteurs, suivent l'Agneau partout où il va, et chantent un cantique ignoré des autres élus.

Valentine avait dit : « Quand je serai morte, si on

croit me voir, qu'on n'ait pas peur. De mon vivant,
je n'ai voulu faire de la peine à personne ; ce n'est
pas morte que j'irais effrayer quelqu'un. Qu'on ne
s'épouvante donc pas de mon ombre. » Dans la première nuit du samedi au dimanche, elle parut en
songe, douce et radieuse plus que jamais, à quelqu'un
de sa maison : « Oh ! dit-elle, si vous saviez comme
les anges m'ont bien reçue ! » Pour croire à son bonheur, nous avons mieux que ce témoignage ; et plusieurs âmes ne font aucune difficulté de reconnaître
que sa puissante intercession leur a déjà valu des
grâces de choix.

L a religion n'avait point attendu le jour des funérailles, pour jeter sa note dans ce suave concert
de louanges. Averti par dépêche que sa fille
de prédilection nous avait quittés, M. l'abbé Guiraud
répondait : « Cette belle âme, que rien de terrestre n'a jamais effleurée, cette belle âme a fait au milieu
de nous un purgatoire anticipé pour ses légères
défaillances ; et, à l'heure présente, je la crois près
de Dieu, qu'elle avait tant désiré voir. Je n'ai aucun
doute sur ce point. » Le même Prêtre nous dira
plus tard : « On ne saurait concevoir une âme plus
idéale que Valentine. » D'autres éloges arriveront
bientôt. Mgr Turinaz vantera « la piété, la douceur, la charité, l'angélique résignation de cette parfaite chrétienne. » Presque en même temps, Mgr Lagrange laissera tomber de son cœur ces fortifiantes et
douces paroles :

« ... Vous n'avez pu douter de ma sympathie. Avec
quel intérêt et aussi quelle édification j'ai lu tout ce
que vous avez bien voulu m'envoyer sur les derniers

moments de cette angélique créature ! Maintenant, cher ami, je demeure partagé entre ces deux sentiments, une profonde et indicible condoléance pour le père, et des félicitations pour le chrétien. Comment voir disparaître de son foyer, sans un inénarrable déchirement d'entrailles, une si vertueuse enfant ? Et, d'un autre côté, comment ne pas avoir la certitude du bonheur actuel et divin de cette vraie petite sainte ?...

« Son arome restera toujours au milieu de vous ; il embaumera toute votre famille. Ainsi que disait saint Paulin de Nole, en pareille occurrence,

> *Forsitan et nobis pro peccatoribus, olim*
> *Sanguinis hæc nostri guttula lumen erit.*

» Combien j'aurais voulu, cher ami, être près de vous en de tels moments, près de votre chère femme, de votre angélique jeune fille ! Si j'avais été libre comme autrefois, vous m'auriez vu accourir...

» Puisque vous deviez perdre votre enfant, n'est-ce pas comme une délicatesse du bon Dieu de vous avoir donné, de si près et si longtemps, le spectacle de telles vertus et de ce que la religion peut faire dans une jeune âme ?... »

Mais l'Eglise entendait glorifier Valentine au grand soleil. Les chrétiens secondèrent son maternel dessein. Quelle foule dans ce cortège qui se rendait à Saint-Denis ! Sur les deux côtés de l'avenue, quelle haie de peuple ! A vrai dire, l'hommage des fidèles ne commençait point là. Dès le jour de la mort, on vit accourir, jusqu'à l'heure des funérailles, une longue suite de riches et de pauvres, pour rendre les derniers devoirs à celle qui venait de recueillir, si jeune encore, le fruit de ses labeurs ; les larmes coulaient de tous les yeux.

A présent l'honneur dépassait toute mesure, et l'*Eclair* avait raison de dire, le lendemain : « Rarement la population de Montpellier, toujours si respectueuse devant la mort, avait assisté à une manifestation de sympathie aussi émouvante que celle qui s'est produite, hier, sur le passage du convoi funèbre de Mlle Valentine Fabrège... » Nous sentions une joie extrême à contempler cet immense défilé, ces croix qui rayonnaient dans le lointain, à voir au milieu ces jeunes filles avec leur parure de vierges, ces lumières, ces lis, et, planant sur la foule qui se montrait silencieuse et recueillie comme à l'approche de Dieu, le corbillard aux blanches couleurs. Sans la présence du pauvre père, qui se traînait, anéanti, derrière sa fille, pas un nuage de tristesse n'aurait assombri le front de la multitude. Mgr de Cabrières présidait la cérémonie. Il avait voulu par cette distinction honorer une enfant, qui sera toujours, devant les anges et devant les hommes, l'un des plus précieux joyaux de sa couronne épiscopale.

Tant d'éclat n'offensait-il point les désirs de Valentine ? Elle avait demandé pour ses funérailles une grande simplicité. « Je veux, disait-elle un jour, la dernière classe, à condition toutefois que l'on paiera comme pour une première. » Aussi la famille avait-elle décrété un rigoureux ostracisme contre les vaines décorations que réclame notre orgueil. Mais elle ne pouvait arrêter l'ovation que faisaient ensemble à son enfant le clergé, les fidèles, toutes nos Œuvres catholiques.

Si nous étions encore à ces premiers âges, où les transports de la foi et de la dévotion populaires avaient le privilège de placer des saints sur nos autels, Valentine eût-elle connu longtemps l'humble poussière de la tombe ? Pendant sa marche triomphale vers la maison du Seigneur, jusque sous les voûtes du temple, ces milliers de poitrines n'auraient-elles pas chanté ses louanges, poussé d'enthousiastes acclamations, invoqué son pouvoir ? Et peu à peu, entraînée par ce courant, l'Eglise lui aurait marqué peut-être une place dans son culte, auprès d'Eugénie, de Cécile et d'Agnès, ses angéliques sœurs. La patience à toute épreuve qu'elle déploya, trois ans, au milieu d'incessantes tortures, ne joignait-elle pas entre ses mains aux lis de la virginité les roses du martyre ?

DIEU gardait une autre gloire à Valentine, celle
de la tombe. Les funérailles achevées, elle
s'en allait recevoir à Maguelone, dans la vieille
cathédrale, le lieu de son repos. Ses restes auraient
donc pour sépulture un temple, qui, après avoir été
le berceau de notre foi, demeura plus de mille ans la
métropole du pays, occupa longtemps dans le monde
chrétien la seconde place après l'église de Rome, et
reste encore dans notre diocèse le plus auguste
de tous les monuments !

La jeune fille ne partit point seule ; des amis l'ac-
compagnèrent jusqu'au bout de son pèlerinage. Ils
avançaient par ces mêmes routes qu'elle avait suivies
tant de fois ; mais le voyage était bien différent. Ni
les paysages, ni les horizons n'avaient changé ; il y
avait seulement au fond du cœur un indicible mélange
de tristesse et de joie, qui leur imprimait des teintes à
part et leur prêtait une âme, toute faite de lumière
et de mélancolie, d'allégresse et de deuil, de sourires

et de pleurs. Des nuages couraient dans un ciel pur, une brise légère attiédissait la chaleur du soleil.

Nous demandions au temps de ralentir son cours. Mais les minutes nous échappaient, et la tombe se disposait à nous prendre Valentine. Déjà nous entrions à regret dans le chemin des tamaris, entre une double rangée de vignes que parait leur verdure naissante, parmi ces fleurs humbles et modestes, que Valentine aimait tant à cueillir, aux jours heureux de sa vive jeunesse ; un tendre souffle les inclinait devant elle, comme au passage d'une reine. A quelques pas, nous avions le murmure des vagues ; au loin, le bleu scintillement de la mer. En face, la cathédrale élevait à nos yeux, par-dessus les ombrages qui l'environnent, le hardi profil, la grâce austère de ses murs. Si Dieu, en ce moment, nous avait dévoilé la mystérieuse région des âmes, nous aurions vu tous les Évêques, tous les preux, qui reposent sous le pavé du temple, s'avancer en une belle procession à la rencontre de Valentine, et la recevoir comme un dépôt d'inestimable valeur.

Hélas ! notre cortège franchissait bientôt le seuil de l'église. Il nous parut alors que ces épaisses murailles s'agitaient dans un délicieux frémissement de joie et d'orgueil. Elles avaient enregistré bien des gloires, pendant tous leurs siècles de vie. Elles avaient reçu le pape Urbain II, quand il venait de prêcher la croisade. Elles l'avaient entendu proclamer une indulgence plénière pour ceux qui dormiraient le dernier sommeil dans le territoire de Maguelone. Plus tard, Gélase II, Calixte II, Innocent II, Alexandre III, leur demandaient un asile. Les rois de France, comme Louis VII et François I⁰ʳ, s'agenouillaient à leur ombre. Naguère, comme elles avaient dû tressaillir, lorsque, affranchies par des mains généreuses de l'humiliation où les tenait captives, depuis la tourmente révolutionnaire, un inconscient vandalisme, elles se relevèrent avec toute la fierté d'une seconde jeunesse ; et, plus encore, dans cette mémorable journée du 14 juin 1875, lorsque notre pieux Evêque rendit à leur autel la majesté du sacrifice, à leurs voûtes ces chants qui ne se taisaient, autrefois, ni jour ni nuit ! Ainsi les annales de ce temple avaient des pages vraiment héroïques ; son histoire le familiarisait avec toutes les grandeurs : et néanmoins il rayonnait de bonheur à l'arrivée de notre jeune fille ! Y avait-il donc entre eux pareil échange de gloire ? Ces murs antiques gagnaient-ils à sa présence autant qu'ils lui donnaient ?

Valentine se dirigea vers la chapelle de Marie, où le prêtre la bénit encore. Puis elle disparut dans le sombre caveau, pour y attendre, sous la protection des chevaliers et des pontifes, à l'abri de tant de souvenirs illustres, les joies et les gloires de la résurrection.

C'ÉTAIT l'usage, dans les catacombes, de fermer
avec une pierre le *tumulus*, où l'on avait ense-
veli un chrétien ; et parfois, à l'ouverture, le
fossoyeur traçait un mot qui devait, dans l'intention
du peuple fidèle, léguer avec honneur aux futures
générations la mémoire de ce bien-aimé du Christ.
Ainsi nous lisons encore sur des fragments ces paroles, que les Apôtres finissaient à peine d'expliquer au
monde : « *Casta, pura, pudica.* »

Si les parents de Valentine cherchent une épitaphe
à graver sur le marbre qui désignera sa place, ils
pourront la prendre dans leur souvenir, aux lèvres
mêmes d'un saint.

Lorsque Dom Bosco s'arrêta, quelques jours, au
milieu de nous, Valentine eut grand désir de le voir et
de lui parler. Emu par ces yeux, par tout ce visage,
qui n'avaient rien de la terre, le serviteur de Dieu la
considéra un moment : « Quelle âme privilégiée ! »
dit-il ensuite avec une expression de joie céleste.

Toute l'histoire de Valentine se ramasse dans ces

trois mots. Elle est privilégiée du commencement à
la fin : privilégiée dans son bonheur, qui jaillit par
torrents des sources les plus pures ; privilégiée dans
sa vocation, qui la porte à tous les sublimes renonce-
ments de la croix ; privilégiée dans ses douleurs, qui
lui deviennent, par l'onction de la grâce, autant de
délices étranges ; privilégiée dans sa mort, dont les
obscurités s'illuminent de tout l'éclat du Paradis ; privilégiée dans sa tombe, que l'histoire, la religion et
l'amitié travaillent ensemble à lui faire suave et brillante.

Le monde, toujours insensé contre Dieu, la plain-
dra. Pour nous, au souvenir de toutes les magnificences que nous avons admirées, prononçant une dernière fois ce beau nom de Valentine, qu'il nous a
fallu répéter souvent et qu'il nous est si doux de
murmurer encore au terme du voyage, nous ne savons
plus que dire ces mots, tout à la gloire de l'enfant et
du Seigneur : « Quelle âme privilégiée ! »

TABLE

Montpellier. — Imprimerie Gustave Firmin et Montane.

www.ingramcontent.com/pod-product-compliance
Ingram Content Group UK Ltd.
Pitfield, Milton Keynes, MK11 3LW, UK
UKHW020250180726
13839UKWH00001B/272